花样跳绳理论与实践研究

李素文　著

吉林大学出版社

·长　春·

图书在版编目(CIP)数据

花样跳绳理论与实践研究 / 李素文著. -- 长春 : 吉林大学出版社, 2023.5

ISBN 978-7-5768-1690-7

Ⅰ. ①花… Ⅱ. ①李… Ⅲ. ①跳绳－研究 Ⅳ. ①G898.1

中国国家版本馆 CIP 数据核字(2023)第 088999 号

书　　名　花样跳绳理论与实践研究
　　　　　HUAYANG TIAOSHENG LILUN YU SHIJIAN YANJIU

作　　者　李素文
策划编辑　王宁宁
责任编辑　王默涵
责任校对　赵黎黎
装帧设计　程国川
出版发行　吉林大学出版社
社　　址　长春市人民大街 4059 号
邮政编码　130021
发行电话　0431－89580028/29/21
网　　址　http://www.jlup.com.cn
电子邮箱　jldxcbs@sina.com
印　　刷　吉林省极限印务有限公司
开　　本　787mm×1092mm　1/16
印　　张　11
字　　数　270 千字
版　　次　2023 年 5 月第 1 版
印　　次　2023 年 5 月第 1 次
书　　号　ISBN 978-7-5768-1690-7
定　　价　45.00 元

版权所有　翻印必究

前言

跳绳作为大众运动项目，在我国具有十分悠久的历史。其中，花样跳绳特别受广大群众的喜爱，究其原因，花样跳绳器材轻便、易于携带，运动花样新颖多变，无须特定场所，更重要的是健身效果也比较好，配合特定的音乐使花样跳绳更具观赏性，愉悦参与者的身心。花样跳绳继承了我国传统跳绳运动的精华，融合了现代的舞蹈、武术、体操、杂技等新型元素，成为集运动、休闲、健身于一体的现代化体育项目。因此，要想充分挖掘该运动项目的文化底蕴，就需要借用现代新兴的方式进行包装和创新，在传播和推广上开辟多种渠道，让更多的花样跳绳爱好者从加深对跳绳的认识到喜爱再到参与其中，使花样跳绳运动逐渐渗透、扩散开来，这也是花样跳绳运动推广的理想途径和发展壮大的必然要求。由此，在学校中进一步推广花样跳绳运动，具有重要的价值和意义。一方面可以使广大师生从花样跳绳中收获身心健康、激发创新活力，另一方面有利于发展和弘扬中华民族优秀传统文化。

针对花样跳绳的自身特点，科学安排花样跳绳练习，可以提高练习者的身体素质，增强动作的协调性；同时有利于练习者培养一门体育技能和兴趣爱好，提高个人竞争力，丰富个人生活。因而，花样跳绳的群众基础正逐渐壮大。随着全民健身计划和新课程改革的持续推进，以学校为本位、由学校自己确定的校本课程渐渐发展为课程教学的重要形式，它得到了广大教育工作者的关注和认可，因而根据实际情况，开展花样跳绳进校本课程也迎来了发展契机。

本书首先对跳绳运动的基础进行了简要概述，介绍了跳绳运动的发展沿革、基本特点、价值功能以及花样跳绳的基本术语等；然后对花样跳绳实践的相关问题进行了梳理和分析，包括花样跳绳的教学、训练与竞赛、花样跳绳的基本技术、花样跳绳的学习与实践、花样跳绳不同难度的技巧、花样跳绳的创编、花样跳绳技能学习层次与练习方法等，最后研究了符号学视域下的花样跳绳文化及传播。本书论述严谨、结构合理、条理清晰、内容丰富，其能为当前的花样跳绳学习实践相关理论的深入研究提供借鉴。

在编写本书的过程中，笔者查阅和借鉴了大量的相关资料，在此向其作者表示诚挚的感谢。此外，本书在编写的过程中，也得到了相关专家和同行的支持与帮助，在此一并致谢。由于作者水平有限，加之时间仓促，书中难免出现纰漏，敬请广大读者批评指正。

目录

第一章 跳绳运动基础

第一节 跳绳运动的发展沿革

跳绳是一项简单易行、强身健体、自娱娱人的体育活动。随着人们对跳绳运动的全新认识和深入研究，它丰富的内容、多样的形式以及突出的强心健身功效，得到了广大医学专家和健身专家的青睐与推崇，被称为“最完美的健身运动”，并在全世界迅速普及、广泛开展。追溯跳绳运动的历史与发展，呈现出发展时间与主要价值的双重导向性——随着跳绳运动的不断深入开展，它由自娱行为逐渐向教育和健康导向的体育活动过渡，并最终实现以竞赛观赏促进跳绳项目的全面发展。

一、跳绳运动的萌芽时期——“戏”，古代愉悦身心的自发跳绳游戏

跳绳是一项历史悠久的体育活动。据国际跳绳联盟记载，古代中国、古埃及和古希腊时期，人们就曾在劳动之余摇转粗麻绳，创造了多人跳长绳的游戏，由此实现了绳子从生产工具向娱乐工具的转变，后来，单人跳绳经过传承与演变，丰富了跳绳的内容和形式。

跳绳运动在我国已有数千年的历史，作为中华民族优秀的传统体育项目，其历史底蕴悠久深厚。早在南北朝时期(420－589)我国就出现了单人跳绳的游戏。例如，《北齐书·后主纪》中便已有“游童戏者好以两手持绳，拂地而却上”的童戏。隋唐时期(581－907)将跳绳称作“透索”，在此期间，跳绳具有了表演观赏的性质。明朝时期(1638－1644)跳绳在京城已经成为寻常家庭的孩童们喜爱的日常游戏之一，刘侗、于奕正在其描写京城地区风俗民情、人文地理的著作《帝京景物略》中写道：“正月十五日，二童子引索略地，如白光轮，一童子跳光中，曰跳白索。”到了清朝时期(1636－1911)，在出版的《有益游戏图说》一书中，称跳绳为“绳飞”。《乐陵县志》也写了：“元宵期间，女子以跳绳为戏，名曰跳百索。”因此，这一时期的跳绳也被称为“跳百索”，并且成为民间喜闻乐见的体育健身活动。跳绳在不同的朝代有不同的称呼，但在社会层面得到了传承、创新和发展。

二、跳绳运动的形成时期——“育”，近现代教育导向的学校跳绳项目

随着跳绳游戏的不断发展，青少年对它的喜爱程度逐渐加。当课余自发的跳绳游戏大量涌现并深受学生欢迎时，学校开始彰显其教育导向作用。

西方国家的身体教育启蒙较我国更早出现。学校跳绳教育大致可分为三个阶段。①18世纪，跳绳成为法国教育家卢梭所提倡的“自然主义教育”的重要手段之一。1793年，卢梭的好友，现代体育的先驱古茨穆斯在《青年体操》一书中，运用整个章节描述了“绳圈中的舞

蹈”，随后该著作风靡欧洲，并对欧洲的体育教育产生了深远的影响。遗憾的是，由于当时主流文化禁止女子进行体育活动，而卢梭与古茨穆茨等人所提倡的体育教育为男生专属，女生被排除在外。②随着欧洲启蒙运动的不断深化，人们对自由、平等、民主的追求延及社会的方方面面，跳绳运动借此得到推广。首先，它摒除了性别歧视，鼓励男女享有平等的资格参与跳绳等体育运动；其次，它关注女性性别与体质特征，提倡能够保持女性优雅气质且能够增进女性身体健康的跳绳运动；最后，人们创新了大量跳绳的花样，并形成单人绳、多人长绳和双绳交互摇三个种类，使其延续至今。③19 世纪中后期，跳绳进入学校体育教育的全面普及阶段。在此期间，由于体育教育成为学校教育不可或缺的重要组成部分，大量体育项目进入欧洲和美国校园。因为对场地要求低、器材便宜且便于组织集体练习，使得跳绳运动深受广大师生的欢迎和喜爱，从此学校跳绳活动如火如荼地开展起来。

学校是我国学生进行体育活动的主要场所，开展跳绳运动是学校实施“全民健身”和“特色”教学模式的重要举措。跳绳活动是学校体育课程的基本内容，是每个学校课间操与体育课不可缺少的活动项目，通过在全国各个学校开展跳绳活动，由此实现了跳绳运动在学校的普及与推广。特色教育是指在教育部和国家体育总局的共同引导下，促进建立“民族传统体育特色示范校”，突出跳绳等民族体育项目的特长培养。

三、跳绳运动的发展时期——“健”，当代健康和谐的社会跳绳活动

（一）“跳绳强心”活动

20 世纪以来，跳绳运动风靡全球，这主要归功于人们对健身价值的全新认识和深入研究。20 世纪 50 年代，有研究发现，跳绳运动队促进锻炼者的身体健康大有裨益。锻炼者通过一定量的运动，能够增强自身的心肺功能，加速血液循环，进而有效预防心脏疾病，提高锻炼者的生活幸福感，同时也有助于减轻公共卫生部门的服务压力。这项研究最初由加拿大心脏研究协会开展，在这一研究成果的基础上，该协会进一步发起了“跳绳强心”的倡议，还发起了“为了您的心脏来跳绳吧”的活动。同时该协会将跳绳运动纳入“优秀日常体育锻炼项目”，与教育部门展开合作，精心规划，从而推动了跳绳运动走进校园，使其成为广大师生进行体育教学和体育学习的内容。

（二）促进和谐的跳绳活动

随着物质生活条件的不断发展，人们健康、和谐的生活观念随之提高。不论在农村还是城市，都能看到跳绳的翻飞与摇动。我国各地机关、企业、学校等机构为了丰富职工的文化体育生活，经常开展跳绳比赛，供大家交流沟通，而我国广东、福建、河北等地也开设了专业的跳绳“工作室”“道坊”和“俱乐部”，专门为跳绳爱好者提供了切磋技艺的平台，并配备了专业教练教授正确的跳绳动作，对跳绳锻炼进行合理的指导。通过这种方式，人们在对跳绳技艺进行沟通和传播的过程中，建立了和谐友好的人际关系，营造了积极健康的社会氛围。

四、跳绳运动的规范时期——“赛”，当代竞技观赏的跳绳竞赛体系

随着跳绳运动的不断深入开展，建立跳绳竞赛体系已成为发展跳绳运动的必由之路，只

有加速跳绳技术的纵向提升，促进大众跳绳的横向普及，才能使跳绳运动得到全面而立体地发展。

（一）国际跳绳竞赛体系

近年来，跳绳运动在世界各国有了全新的认识和研究，并得到迅速发展，呈现出了组织化和规范化的特点。

1. 跳绳竞赛

跳绳被不少国家列为本国运动会的正式比赛项目，也有许多国家每年都定期举行全国性的跳绳比赛。在洲际跳绳比赛中，以欧洲跳绳冠军赛的影响力最为突出。它始于 1991 年的比利时根特，作为传统赛事于每年 7 月最后一周举行。

2. 跳绳组织

世界上很多国家和地区设有全国或地区跳绳运动组织。这些跳绳运动联盟除了组织比赛外，还要负责研究、宣传、指导和管理本国或本地区的跳绳运动。国际跳绳联盟是世界性体育组织，1996 年宣告成立。

（二）我国跳绳竞赛体系

我国的跳绳竞赛起步较晚。20 世纪 90 年代末期，由当时的国家体育总局社会体育指导中心李元副主任提出举办跳绳竞赛的想法，但未能成形。至 2003 年，国家体育总局社体中心公冶民副主任等接待了国际跳绳联合会和亚洲跳绳联合会代表团。亚洲跳绳联合会李钟英主席代表该组织向我国介绍国际跳绳竞赛活动、推广国际跳绳运动，并高度评价我国跳绳爱好者独特、高超的跳绳技艺。国际跳绳运动的高度发展为我国的跳绳竞赛打开了新思路。2005 年，全国跳绳高手聚集浙江义乌，参加跳绳规则研讨，并将研讨结果拟为草案。

经过多年的探索发展和经验积累，2007 年全国跳绳运动推广工作组成立并正式启动跳绳运动竞赛推广计划。7 月开始，全国跳绳推广工作组多次组织专家，结合中国跳绳运动的现状进行规则研讨与执笔工作，并通过讨论修改、交流培训等一系列工作后暂定《中国跳绳竞赛规则（试行）》。同年 12 月，首届全国跳绳公开赛在广州举办，用以测试、实践、检验该版本规则。2008 年 1 月，针对比赛的调研结果、赛事组织经验、裁判实际操作性、参赛队伍反馈意见、媒体传播效果和赞助回报满意度诸方面的综合回应，再次组织专家研讨并完善规则。2008 年 4 月，为规范跳绳运动的技术体系、配合跳绳竞赛规则的推行，全国跳绳推广工作组指导拍摄并制作了《跳绳运动技术动作选编》教学片。从而使古老的民族传统体育项目越来越接近于具有民族特色的现代新兴体育项目。

2010 年 7 月，国家体育总局社会体育指导中心在成都体育学院组织《跳绳竞赛规则》的编写与出版工作，并于 2011 年由高等教育出版社正式出版。《跳绳竞赛规则》的出版为跳绳运动的开展与推广提供了重要依据。发展至今，中国跳绳竞赛已经形成公开赛、精英赛和锦标赛一年三赛的体系。纵观跳绳运动的历史与发展轨迹不难发现，它符合体育竞技运动演变的一般规律，即从游戏发展为比赛的过程。在全球经济文化多元一体交融的趋势下，推进发展跳绳竞赛，实现跳绳技术的精英化与跳绳项目的普及化。如此，才能保持传统体育特色，传承民族体育文化，满足人们日益增长的强身健心、娱乐休闲的诉求，推进社会主义和谐社会建设。

第二节　跳绳运动的基本概念及特点

尽管跳绳运动已经绵延了数千年的历史，但却没有统一、准确的定义和概念来阐释这一运动的本质属性。顾名思义，跳绳运动即“跳”与“绳”相结合的运动，关于“跳”和“绳”，《辞海》中是这样释义的——“跳”：动词，指蹦、跃、即腿上用力，使身体向上或向前的动作，引申为越过，如跳远、跳高、跳绳等。“绳”：名词，是指用两股以上的棉、麻、棕等纤维或金属丝绞合而成的条状物。此外，关于“跳”与“绳”的关系，可以理解为：以肢体完成的“跳”动作，必须与发生动作的器材“绳”之间，围绕人体三个运动轴产生动作。

作为跳绳运动的起源国，我国跳绳活动流传甚广，且多集中于单人绳方面。其中，尤以基础跳绳动作的计数形式最受大众欢迎。不论是街头巷尾、田间地头的儿童游戏，还是社区学校、厂矿乡野的运动较量，到处都能看到大众跳绳锻炼的场景。通过调查发现：中国民间跳绳技能技巧的内容丰富、形式活泼。其中既有以单摇、双摇、三摇为代表的以增加摇绳次数为分类特征的动作；又有快花、直花、扯花、凤花、龙花等以交叉摇绳的排列顺序为分类特征的动作；还有短绳带人、长绳“8”字、交错绳、波浪绳等形式活泼的特色动作。这些跳绳动作或是基础技术，或是高级技巧，形成民间跳绳技术由基础而优化升级的体系。

民间自由开展的跳绳活动形成了三大主要民间流派，即陕西胡安民主导的“花样跳绳”、河北胡平生主导的“竞技跳绳”和北京王守中主导的网状绳表演。各个技术主导群体各具风格特色、各有技术特长、各自独立发展，形成了各自不同的跳绳技术标准。例如，“花样跳绳”更注重跳绳动作与团体操的结合运用；“竞技跳绳”的不同动作，集中体现在交叉摇绳样式的排列变化上；而网状绳表演则以多绳组合摇跳为主，突出形式的灵活和内容的活泼。

而遍览国际，主要的跳绳形式却有两种：单人绳和交互绳。其中，单人绳是指跳绳者每人手持一根绳子，按照跳绳运动的基本规律，合理运用身体姿势的变化或配合完成跳跃弹蹦动作。而交互绳是指两名跳绳者各持双绳一端相向或同向摇绳，其他人利用身体姿势的变化或配合，完成跳跃弹蹦动作。

单纯的“跳跃”和单纯的“绳子技巧”都不属于跳绳运动的定义范畴和研究范畴。综上，关于“跳绳”即可以理解为：以“绳”为器材、围绕人体运动轴而进行的肢体与绳子相配合产生蹦、跃、两脚离地的全身运动，从而达到愉悦身心或竞技目的的一项民族传统体育项目。

二、跳绳运动的基本特点

跳绳运动具有安全健康性、娱乐观赏性、竞争竞技性、简便可行性、协调民族性与世界性等特点。

（一）安全健康性

安全健康性是指在跳绳运动过程中，始终坚持以保证参与者的人身安全和促进参与者的身体健康为宗旨。

保证生命安全和促进身体健康是体育运动的本质属性。跳绳运动保障人体安全健康的关键在于：跳绳技术动作符合科学的人体运动特征。所有传统或创新的跳绳技术动作，均符合人体解剖结构，即技术动作应在骨骼、关节、肌肉和韧带等人体运动系统的正常形态和活动幅度内进行；符合运动生理机制机能，即技术规范承认不同年龄、性别在输氧、供血、供能等方面的极限具有差异性；符合运动生物力学基本原理，即用人体运动力学原理来指导和创编跳绳技术动作的屈伸、收展、旋转、翻滚，并确定其角度、幅度和力度。

在保证生命安全的基础上发展体质是体育运动的目标之一。体质即人体的健康水平和对外界的适应能力，在促进体质健康方面，可以分别从身体形态、身体机能和身体素质三方面得以体现。

跳绳运动首先保证在安全健康的前提下开展。即跳绳项目是在保证跳绳竞赛参与者的人身安全的基础上，有助于维持和改善跳绳竞赛参与者的身体形态，如骨骼、关节、肌肉等；有助于保持和提升跳绳参与者的身体机能，如心血管机能、免疫机能等；有助于保障和提高跳绳参与者的身体素质，如力量、耐力、速度、柔韧、灵敏和协调等，从而全面促进跳绳竞赛参与者的体质发展。

（二）娱乐观赏性

娱乐观赏性是指在跳绳的运动过程中，能够满足运动员和观众求知求同、审美娱乐的需求，大家通过直接或间接参与运动竞赛，都可以得到愉快的、满足的情感体验。

作为一种极富特色的人类审美活动形式，体育活动能够展示出人体运动的超凡性、活动内容的丰富性和运动的激烈性。因此，无论是缓和保健、对抗拼搏类的体育活动，还是较力斗智类的运动项目，其活动过程都具有娱乐观赏性因素，使运动项目更具引人入胜的力量，吸引更多人积极主动地参与到该项运动的练习和比赛中。

跳绳运动的娱乐性和观赏性表现为：首先，跳绳技术动作丰富多彩，能展现人体运动更快、更高、更强的体育美感，从而增加其观赏性。其次，花样跳绳项目还有不凡的艺术美感，其审美艺术性包括：节奏与韵律、对称与协调、简捷与变化、规范与新颖。这就要求花样跳绳表演者的肢体动作与器械运用协调统一；音乐与动作在主题呼应、节奏烘托、氛围渲染及服装服饰等方面整齐划一，特色鲜明；动作编排具有独创性等。其结果是增加了跳绳运动的审美艺术性，增强了演练的精彩程度，提高了娱乐性、可视性和观赏性。

（三）竞争竞技性

竞争竞技性是指在项目运动中通过最大限度地发挥参与者的体能、技能、智能和心理等因素，在个人最佳状态下表现出高超水平。

竞争竞技性是体育运动的本质属性。任何一项体育运动都是以争取优胜为目的而进行的，体育运动参与者无一不是全力以赴的。因此，体育运动能够最大限度地挖掘参与者的运动潜能，在争优竞逐中体现其体能、技能、智能和心理的最佳状态和最高水平。

跳绳项目能集中考验人的体能、技能、智能和心理等。在体能方面，着重考验参与者的速度、力量和耐力；在技能方面，既有高难度动作的加分规定，又要求花样技巧的多元化选取；在智能方面，既有运动中体力分配的策略，又有编排布局上巧妙的构思；在心理方面，既有克服摇绳恐惧的从容，又有依靠团队配合的信任。因此，跳绳项目能展示竞争竞技的全面性和激烈性。

（四）简便可行性

简单可行性是指跳绳项目简单易行、便于操作，在体能和技能方面对项目初学者可谓是“零门槛”准入。

跳绳运动的简便易行的特点主要体现在它的便利性和经济性方面。跳绳项目不受场地的限制。无论跳绳的练习场地，还是竞赛场地，都没有特殊的要求，平坦且无安全隐患的空间，即可以成为理想的跳绳场地。跳绳器材轻巧便携。只需要一根绳子，就能秀出所有令人眼花缭乱的花样，因此几块钱的绳子就是从事跳绳运动所需的全部装备。随身携带绳子，无论在何地都可以随时锻炼。跳绳运动灵活多样，和人数的多少没有关系。跳绳运动既可以多人配合，以成员之间的默契培养团队的协作能力；又可以单人单绳，钻研跳绳的技巧，逐渐丰富和完善跳绳的花样。

（五）协调民族性与国际性

协调民族性与国际性是指跳绳运动的内容与形式既能满足民族性的要求，也能满足国际性的要求。这也就是说，跳绳运动项目一方面要保留民族民间特有的传统风格，另一方面跳绳运动项目也要适应国际体育竞赛标准和规则的通用性和统一性，从而达到民族特色发展与国际融合互动的有机结合。

体育运动既具有民族性的特征，又具有国际性特征。奥运会的绝大多数体育比赛项目，都起源于各国民族传统的体育运动，它们至今仍或多或少地保留着民间传统运动的色彩。只有保留运动项目各自传统的内在特征，才不失其本身的价值和特色。此外，为了使运动项目更迅速、广泛地为各国、各民族所欢迎，还必须注意项目认知的通用性。

由于跳绳运动起源和开展的特殊性，使得跳绳运动较好地协调了民族传统特征与国际运动标准，表现为以下三个方面。

第一，跳绳是起源于我国的体育项目，活动形式和内容上具有民族性和传统性。

跳绳运动自南北朝时开始流行于我国，具有独特的形式和丰富的内容。集体跳长绳，是最早出现的形式，由此发展而来的长绳“8”字跳，是我国的特色跳绳项目，经常出现在学校和职工运动会上，此外，单人摇绳的钻、转带人配合跳绳也是独特且多样的。

第二，跳绳是群众基础广泛的体育项目，在全国各地呈现出纷繁各异的风格特点。

北京市中小学的跳绳比赛项目，突出集体配合的灵活与多变；河北的“竞技跳绳”器械和技术，致力于交叉摇绳的不同排列组合；陕西民运会的“花样跳绳”比赛项目，强调绳操结合的演练方式。此外，山西、福建、广东等地的跳绳运动也具有高超水平和地方特色。

第三，跳绳是已开展多届国际竞赛的体育项目，项目和技术可实现互相交流。

从 1991 年较早的欧洲跳绳冠军赛开始，世界范围内陆续开展的洲际、国际跳绳大赛已初具规模，其项目设置在不断修订的过程中也逐渐显现出其统一范式。积极的国际跳绳技术交流在一定程度上影响着中国跳绳的内容和技术标准，从而实现跳绳运动的国际良性互动。

第三节　跳绳运动的价值功能

一、跳绳运动的健身功能

跳绳对心脏机能有良好的促进作用，它可以让我们的血液获得更多的氧气，使心血管系统保持强壮和健康，跳绳还有助于塑造身体形态，增强自信，释放压力，让人身心愉悦，使人的形体更加健美，动作更加敏捷，身体的重心更加稳定。跳绳能增强人体心血管、呼吸和神经系统的功能，增进人体器官发育，有益于身心健康、强身健体、开发智力、丰富生活，提高整体素质。跳绳时以手握绳会刺激手部的穴位并且还会调动全身的运动，这会使脑细胞的活力得到增强，还有利于人们思维力和想象力的提高。因此，跳绳也是健脑的最佳选择。研究表明，跳绳能同时促进人体的各种器官、肌肉和神经系统的发育，因此，长期跳绳可以预防诸如糖尿病、关节炎、骨质疏松、高血压等多种病症。

通过分析研究发现：长期进行科学、有规律的跳绳锻炼，能够全面改善人们的体质，促进人们的身心健康，具体包括身体形态、身体素质、身体机能、个体心理和社会关系五个方面。

（一）跳绳运动改善身体形态

跳绳不但可以提高身体的新陈代谢，降低体脂率，还能增加人体骨量，预防骨质疏松。跳绳运动能够增加人体骨量，预防骨质疏松。研究表明，每次跳绳 45 分钟，一周跳绳 6 次左右，坚持锻炼 10 个月，对人体的骨量增加和骨密度增大有显著的作用。跳绳运动使人体的手臂特别是前臂肌肉得到充分的舒展和锻炼，在舒展和锻炼中，肌肉充分牵拉尺骨，使尺骨产生相应的变化，从而使人体骨量产生明显的增加。跳绳运动能够充分激活人体腰椎的机体功能。跳绳过程中，地面的反作用力会对腰椎产生运动负荷，同时人体为了维持身体在运动中的平衡会牵拉腰椎相关的肌肉，腰椎在一定程度上受到了运动的载荷，并由此引起了相应的应力，提高了骨量，使人体骨头更结实，从而预防骨质疏松。

（二）跳绳运动改善身体素质

跳绳运动对身体素质的改善主要表现在机体协调能力的提升和机体力量的增长。长期进行跳绳运动，人体的全身肌肉也会得到锻炼，合理防止肌肉流失，身体新陈代谢水平会维持充沛情况，体脂会渐渐地降低，身形也会渐渐地变瘦。

（三）跳绳运动改善身体机能

跳绳运动能促进人们的体质发展，体现在机能方面的主要价值是其对心血管疾病的干预和防范。

从预防心血管疾病入手推行跳绳运动，可有效缓解社会医疗的压力。跳绳运动还能改善血液成分，运动前后的血脂及载脂蛋白有显著性差异，其中胆固醇、甘油三酯和载脂蛋白 B100 显著下降，而载脂蛋白 A 显著增加。实验证明：跳绳运动对促进身体健康大有裨益，对那些单纯性肥胖同时血脂偏高的孩童而言，长期科学地进行跳绳锻炼，可以使他们的体重减轻，进一步实现三项指标的降低，从而使血液成分得到改善。

(四)跳绳运动促进心理健康

跳绳运动可以释放各种负面情绪,缓解焦虑和抑郁,改善情绪状态,对跳绳的人的心理健康十分有益。以民间体育跳绳、跳皮筋、拔河、踢毽子等运动形式为实验活动,连续12周对实验组被试者施加以上实验活动的干预,通过对比发现被试者实验前、后的心境状态与心理健康水平存在显著差异。实验后,实验组被试者在心理健康水平的指标改善明显,这反映了体育运动能显著增进运动者的心理健康;而对照组被试者在这一指标上实验前、后的对比并不明显。深入比较研究表明:实验后,实验组的精神状态测试中,在正性情绪成分表中,愤怒、抑郁、紧张、疲劳全都落后于实验对照组的被试者,实验对比进一步证明适度的体育锻炼能显著改善运动中的心境状态。因此实验的结论很明确,积极参加大众体育(跳绳、拔河、踢毽子、跳皮筋、打羽毛球)运动对改善心境状态有显著效果,能改善和提高体育参与者的心理健康水平。

(五)跳绳运动促进和谐社会关系

跳绳作为一项深受大众欢迎的民族民间体育项目,是一种集健身性、娱乐性、趣味性、群众性于一身的目的,能够促进社会和谐的构建。科学合理地开展跳绳等体育锻炼,可以在强健身心的同时,解决目前社区体育场地设备匮乏、锻炼内容单调及参与居民较少等问题。民间休闲体育对构建和谐社会具有推动作用。它简便易学、灵活有趣、易于推广,使广大群众的身心得到锻炼,带动社区体育氛围的形成和社区体育的蓬勃发展;它能够充当社会和谐发展的润滑剂,促进人的身心健康发展,有利于营造公平、公正的社会氛围;它丰富了中国特色全民健身体系的内容和形式,成为学校体育改革发展的必然方向。

二、跳绳运动的体育功能

(一)跳绳作为其他竞技体育的辅助练习手段

健美操、艺术体操、羽毛球、篮球等体育项目常常以跳绳运动作为辅助练习手段,从而提升了运动员的身体素质,在比赛中获得良好的成绩。

通过双摇跳绳的练习,使练习者的弹跳力,尤其是下肢力量等都得到了很大的提高,这些能力的提升对健美操和体操练习者的专项素质提升有不可忽视的作用。具体来说,双摇跳绳能够腓肠肌加快收缩,从而有效提高弹跳力和下肢力量;它可以改善和增强心血管系统的功能,表现为:心肌肥厚,心肌收缩力增强,可增加每搏输出量和最大心输出量,使练习者能够承受长期运动,提高有氧耐力;通过练习双摇跳绳,使练习者具备良好的空间感和适当的上下肢力量感知。因此,双摇跳绳对竞技健美操和艺术体操的专项爆发力、上下肢协调性和时空感的发展和养成有很好的效果。

跳绳运动能够快速高效地提升运动员的耐力素质。表现如下:3个月的练习使实验组800米跑的平均成绩从原来的223秒提高到214秒,平均增加了9秒,其中最大增加了26秒,成绩有显著差异。该实验还表明,不同的跳绳方式其优劣效果依次排序为:高抬腿跳绳、双脚跳绳和依次交换脚跳绳,跳绳练习可以提高田径运动员的协调性、弹跳力、爆发力、灵敏性和耐力等基本身体素质。

（二）竞技跳绳运动

竞技跳绳是跳绳运动发展到高级阶段的产物，具有较高的竞技竞赛和表演观赏价值。跳绳运动在很多国家的运动会比赛项目上都占据重要的位置。世界上很多国家和地区设有全国或地区跳绳运动组织，这些跳绳运动联盟除了组织比赛外，还要负责在自己的国家或区域内进行跳绳运动的研究、宣传、指导和管理跳绳工作。

第四节　花样跳绳的基本术语

术语是某一专业领域中用于代表某一概念的名称的集合，是衡量一个项目发展是否完善的标准之一。

跳绳术语是跳绳理论和技术等方面的专门用语，其文字简练，包含特定的信息，是传播交流跳绳信息不可缺少的工具。跳绳是体操的一部分，跳绳一词是根据体操术语的基本原理发展而来的，它来源于实践，指导实践。正确使用跳绳术语，既有助于了解和掌握跳绳技术，提高教学培训效果，也有助于跳绳的普及和提高以及跳绳比赛的开展、积累和交流，同时，对跳绳教学和训练经验的发展、跳绳科学研究的发展和理论的丰富也有重要意义。跳绳动作术语应对跳绳动作的特点和实践进行准确的描述，因此，对跳绳动作术语的界定有三个基本要求：语言简洁明了、名称通俗易懂、内容描述准确。

一、跳绳术语的类型

（一）结构术语

结构术语是指描述动作形式及本质特征的专业术语。这一类术语称为标准性或规范性术语，用来严谨地描述动作的结构和完成路径。由于结构术语中对高难度动作的文字描述较长，为了方便教学、训练及交流，在实践中经常使用简化的术语。因此，结构术语包括完整术语和简化术语。

1. 完整术语

完整术语是指结构完整、书写规范的术语，是其他术语的基础。完整术语的结构包括结束姿势、动作部分、动作规范、动作形式和动作做法。

2. 简化术语

简化术语是指为了便于教学、训练而使用的将某些完整结构术语简化了的专门用语。随着跳绳水平的不断发展，这类术语也有不断增加的趋势，其特点是表达方式与动作紧密联系，容易引起动作联想，使用简单方便。简化术语又可以分为：中文简化术语，如用“交叉”代替“双手体前交叉”；英文简化或字母代替简化术语，如用“C”代替“Cross（双手体前交叉）”。

（二）命名术语

命名术语是指根据动作形态和国名、地名、人名对动作进行描述的专门用语，这类动作术语的特点是便于记忆，分为形意术语和名称术语，是广大跳绳工作者从体操、武术和传统文化中借用而来的，具有浓重的民族传统性。这种术语的特点是形象生动、通俗易懂、易于接受，如大象跳、双塔罗、割麦式等。

由于现今国外跳绳发展得比国内好，很多动作国内都没有直接的命名，都是将英文术语直译而来的，这些被称为引用术语。

（三）形意术语

形意术语是用形象、形意来描述体操动作的一种术语，广大跳绳爱好者根据动作的结构，用动物名称作为动作的隐喻，或借用体操、健美操、艺术体操等项目来命名。这种术语简洁易记，因其形象、形状等特点，容易被人接受，如科萨克跳、田鸡跳、米字绳、网绳等。

（四）外来术语

花样跳绳是一种极具包容性的新型体育项目。跳绳动作中的许多动作来源于体操、武术、街舞等，它们的动作名称都是以俯卧撑、倒立跳等为基本动作。

二、跳绳运动基本术语

在跳绳的基本术语中，常见的有“飞”“摇”，跳绳的常见术语还包括单飞、双飞和三飞。《说文》中提道：“摇，动也。”“摇”字指出了绳子摆动的力量，活灵活现地描绘出了绳子运动的过程；《说文》中还提到，“飞，鸟翥也，象张翼之形”，指的是腾跃和敏捷，就像飞鸟在空中跳跃，更直观地描绘了跳绳的速度和变化。就跳绳而言，没有“摇”与“飞”之分，没有优劣之分，关键在于人们的习惯。为描述方便，本书暂选用“摇”字。

（一）动作方向的术语

1. 基本方向

一般以人体直立时来确定。

前——腹部所对的方向。

后——背部所对的方向。

侧——肩侧所对的方向。

上——头顶所对的方向。

下——脚底所对的方向。

手臂向前和向上抬起之间的45°方向。

手臂向前抬起和下垂之间的45°方向。

手臂向后和向上抬起之间的45°方向。

手臂向后抬起和下垂之间的45°方向。

手臂侧举与上举之间的45°方向。

手臂侧举与下垂之间的45°方向。

2. 动作的方向

动作的方向主要是指人体和身体各个部分的运动，一般以人站立时的基本方向为依据。

向前——向胸部所对的方向运动。

向后——向背部所对的方向运动。

向侧——向肩侧所对的方向运动。必须指明向左（右）侧运动。

向上——向头顶所对的方向运动。

向下——向脚底所对的方向运动。

除此之外，肢体运动有两个方向：向内和向外。

向内——当四肢开始移动时，从两侧移动到人体的中线。

向外——当四肢开始移动时，从人体中线向两侧移动。

（二）动作之间相互关系术语

1. 同时和依次

同时——指身体各部位的运动或身体与器械的运动在一个单一的动作中同时进行。

依次——指两个手臂或腿在一个动作中连续不中断地完成相同的动作。

2. 接

接——要求连续完成两个独立的动作时，用“接”字把它们连接起来。

3. 由、经、至、成

由——指身体某一部位运动开始时的位置。

经——指完成某项动作时，经过某个方向的身体部位。

至——指身体的一部分要移动到的终点位置。

成——指动作结束时身体各部位形成的一定姿势。

（三）人与器械关系术语

1. 正绳

正绳是指当绳子向跳绳者摆动时，绳子从上到下转动。

2. 反绳

反绳是指当绳子摆动到跳绳者时，绳子从下向上摆动。

3. 正入

正入是指正摇绳时跳入。

4. 反入

反入是指反摇绳时跳入。

5. 正出

正出是指向正入方向跳出。

6. 反出

反出是指向反入方向跳出。

7. 近绳

近绳是指当绳子处于静止状态时，距离跳绳者最近的绳子。

8. 远绳

远绳是指当绳子处于静止状态时，距离跳绳者最远的绳子。

（四）跳绳动作术语

1. 摇甩绳

摇甩绳是指绳子左右摆荡，其倾斜不超过45°。

2. 摇转绳

摇转绳指绳子按圆弧转动。分为前摇绳与后摇绳，对应前摇跳与后摇跳。根据练习者身体部位，摇短绳时由后经上向前摇绳叫前摇绳；由前经上向后摇绳叫后摇绳。

3. 单摇

单摇是指要用双手去摇绳，并且在跳起来的过程中，绳子还必须要从跳绳者的脚下的位置穿过一次。

4. 双摇

双摇是指用双手去摇绳，并且在跳起来的过程中，绳子必须要从跳绳者的脚下穿过两次。

5. 多摇

多摇是每向上跳跃一次，使绳子从脚下通过三次以上。

6. 正摇

正摇是指跳长绳时，绳子自上而下摆动，朝着跳绳者向前摆动。

7. 反摇

反摇是指跳长绳时，绳子自下而上摆动，朝着跳绳者向前摆动。

8. 侧摇

侧摇是指绳索在身体两侧摇动，没有穿过脚下和头顶。

9. 放绳

放绳是指在单跳和互动跳绳中，摇绳者用一只手或双手短时间松开绳柄，使绳子在惯性作用下自由转动。

10. 抛绳

抛绳是指绳子离开身体并通过身体某一部分（主要是手）的运动飞到空中的动作。

11. 接绳

接绳是指把一个运动的绳子固定在身体的一个地方。

12. 缠绳

缠绳是指将绳子绕在身体某一部位的动作。

13. 停绳

停绳是指在跳绳结束时，跳绳者将绳子停在脚下。

14. 交接绳

交接绳是指跳绳时，跳绳者和摇绳者交换角色的过渡动作，此时不用暂停摇绳。跳绳者在跳出绳子一端的同时，握住摇绳者正在摆动的绳子的手柄，继续摇动绳子。

15. 飞

飞是指跳绳时，跳绳者的身体跳到空中是“飞”，单摇跳是单飞，双摇跳是双飞，三摇跳是三飞，依此类推。

16. 交叉

交叉是指摇绳时，摇绳者的手臂与手臂或手臂与肢体的交叉，也称为编花或挽花，例如：单摇的基础交叉中手臂与手臂交叉的单摇基本交叉跳，手臂与腿部交叉的同侧胯下交叉和异侧胯下交叉，手臂与身体交叉的敬礼跳。

17. 双摇基本编花动作

在双摇的基础交叉中，包含快花、扯花、凤花、龙花等四个基本编花动作：

①快花——手臂动作一次直摇接一次交叉。

②扯花——手臂动作交叉摇直，称为拉花。

③凤花——在身体正前方，两手臂保持交叉挽花。

④龙花——双臂交叉于身前，每过脚一次，双臂上下交换一次。

在这四种基本编花动作中，根据不同的组合，三飞又可延伸出十三个基本动作，具体包括：三直飞、三扯花、快扯花、扯快花、三快花、三凤花、扯凤花、快凤花、扯龙花、快龙花、龙凤花、凤龙花、大龙花；四飞又可延伸出十三个基本动作，基本包括：四直飞、四扯花、四快扯花（两种）、四快花、四扯快花、叠扯花、叠快花、四凤花、四扯凤花（两种）、四快龙花和叠龙花；另外还有五飞，其动作难度比三飞、四飞高出很多，需要具备极强的弹跳力和爆发力。

（五）队列队形术语

在进行跳绳比赛和表演时，教师应重视对学生队伍的组织。在运动教学中，良好的教学组织可以为教学营造合适的教学环境，为学生快速掌握动作提供良好的教学环境。在比赛中，精神状态饱满是运动员心理状态的一种外在体现，同时也是比赛得分的一个重要指标。

1. 列

列是指学生左右并列成一排。

2. 路

路是指学生前后排成一行，一般从前到后按照高矮顺序排列。

3. 横队

横队是指学生左右并列组成的队形，在横队中，队形的宽度大于或等于队形的纵深。

4. 纵队

纵队是指学生前后重叠组成的队形，在纵队中，队形的纵深大于或等于队形的宽度。

5. 翼

翼是指队形的左右两端。顾名思义，左端是左翼，右端是右翼。

6. 排头

排头是指位于纵队之首横队右翼的一个或几个学生。

7. 排尾

排尾是指位于纵队之后或者横队左翼的一个或者几个学生。随着队形的改变，排头和排尾也会随之改变，在纵队和横队向后转时，原先的排头变成了排尾，原先的排尾变成了排头。

三、跳绳的基本动作

花样跳绳是指参与者通过各种方式跳过一根或多根绳子，跳绳是指一人或众人在一根环摆的绳中做各种跳跃动作的运动游戏。

在花样跳绳中，摇绳者和跳绳者处于同等重要的地位，摇绳者和跳绳者之间只有做到配合默契才能成功完成花样跳绳。跳绳者需要拥有良好的身体素质，才能完成跳绳运动中的各种动作与花样，以及充分体现出动作的美感。摇绳者应具有优秀的绳感，控制绳子就像是控制自己的手臂一般自如，对绳索的速度、节奏和振幅能够轻松调节，同时还要让绳索在空中的轨迹能够清晰、完整和饱满。

（一）摇绳的方向

摇绳的方向可以分为前摇、后摇、侧摇和水平摇四种。

（二）摇绳旋转次数

摇绳旋转次数是指绳索在起飞后到脚着地之前从脚下经过的次数。跳一次，绳子越过头顶，通过脚部环绕身体(360°)，称为单次摆动跳(或单飞)；跳一次，绳子越过头顶并通过脚部环绕身体两周(720°)，称为双摆跳(或双飞)。以此类推，分别为3摇、4摇、5摇。

（三）上肢动作

花样跳绳的上肢动作是多种多样、变化多端的，可以通过调整手臂的姿势来变换出各种动作。根据双手姿势的不同，可将上肢运动划分为基本摇绳、体前交叉、体后交叉、前后交叉、顺式侧摇和逆式侧摇。在交叉跳绳中，根据手臂张开和交叉的顺序，可分为开合交叉、固定交叉和交替交叉。

（四）躯干动作

身体的左右转动称为转体，如右转45°、右转半周等。

（五）下肢动作

下肢动作可以分为步法花样和胯下花样。步法花样由各种健美操动作或者是舞蹈步法组成，如开合跳、提膝跳等；胯下花样通过摇绳手臂与腿部交叉的不同来改变动作，分为单手单腿、双手单腿、双手双腿等不同类别。

（六）近端绳与远端绳

在交互绳和网绳中，当绳子处于静止状态时，离跳入者最近的称为近端绳，离跳入者较远的称为远端绳。

（七）预备动作

并脚站立，双膝并拢；双手握住绳柄，将绳子放在身后，绳子的中心在脚踝处；手臂自然下垂至身体两侧，腕关节微微翘起。

（八）停绳动作

短绳在一只脚站立时停止，另一只脚的脚掌踩在绳子中间，两手各握一个绳柄，拉动身体两侧的绳子。长绳停绳动作可根据人数或具体动作确定，可以踩住绳子来停绳，也可以跳出绳索来停绳。

第二章　花样跳绳的教学、训练与竞赛

第一节　花样跳绳的教学

花样跳绳能简能繁，教学资源十分丰富。在安排花样跳绳教学时，应当正确理解和贯彻教学原则，灵活运用教学方法，科学合理地安排训练内容，这样才能对跳绳者的身体素质和心理素质起到良好的促进作用。

一、花样跳绳教学原则

（一）学生主体性原则

学生主体性原则指的是在花样跳绳教学过程中，学生始终是学习的主体。教学内容的主体性决定了教师要从学生的角度考虑问题，根据学生的需求及特点来安排所有的教学活动。在教师的引导下，学生主体要积极地参加课堂活动。在实现学生主体原则的前提下，激发学生的积极性与创造性。

（二）技能教学为主原则

技能教学为主原则指的是在花样跳绳的教学过程中，根据体育学科的特点，即学生普遍以体育活动作为掌握运动技能的手段，在运动能力培养的过程中进行技能培训。花样跳绳有着十分丰富的技术动作，这些技术动作主要通过改变绳子的方向、圈数以及变化手臂、脚步或身体姿势来完成。在花式跳绳的教学中，要使学生对技术动作有一个全面的认识，就需要教师采取各种教学方法和手段，这些方法和手段必须直观简洁、形象生动，以促进学生对技术动作的认识和掌握，进而促进其形象思维和认识。在花样跳绳教学过程中，教师要尽可能地调动学生的各种感官去感知动作，让学生可以根据想象进行模仿。

（三）兴趣先导、实践强化原则

兴趣先导、实践强化原则是指在体育教学过程中要把培养学生的体育兴趣作为首要任务。当学生对运动感兴趣时，他们就会主动地学习，去激发自己的学习热情，让自己的身体变得更加强壮、更加健康。“兴趣是最好的教师”，因此，要培养学生的学习兴趣，调动学生的自觉性和积极性。

（四）快乐学习原则

快乐学习原则是指在跳绳教学过程中，教师应给予学生更多的激励，在完成了一定的教学任务后，要对他们进行表扬，使他们认识到自己的进步，帮助学生树立学习的自信心，帮助学生找到努力的方向和目标，从而促进学生更加自觉主动地学习，不断进步，最终达到教学目标。跳绳的花样繁多，将任何一个基本动作进行叠加都可以转化成其他花样，教师要注意不能忽视学生任何微小的进步，对学生的创造性(如改编动作)要予以及时的肯定、鼓励、赞扬，不断引导和培养学生对跳绳运动的兴趣，激发学生的学习动机，使学生能够积极思考、刻苦学习。

二、花样跳绳的教学方法

教学方法是指在教学过程中，教师与学生为了实现教学目标，完成教学任务而采取的教与学的方式、途径、手段的总称。花样跳绳教学方法实际上是体育教学方法在花样跳绳教学中的具体应用，但花样跳绳的教学方法有着自己的特殊性，在教学中应根据其自身的特点，创造性地加以应用。

花样跳绳教学是教师与学生互动的过程，在运用教学方法时，要考虑到教师通过何种途径将教学信息传递给学生，学生又是通过何种感觉器官来接收教学信息的。根据传递的方式、方法和接收器官的不同，花样跳绳的方法可以分为直观法、语音法和练习法三类。

(一)直观法

直观法是指通过模型演示、图解、图像等方式向学生展示花样跳绳动作的示范，使学生了解动作外部的运动学特性。教师的示范、教学工具的演示、图解的表达及各种影像的放映，都能够将动作过程的信息通过光波传递给学生的视觉器官，视觉器官感知这些信息后，传递给大脑，大脑通过加工整理后形成了动作表象。目前，在花样跳绳技巧教学过程中常用的直观法有示范法和图像法。

1. 示范法

示范法是指教师通过自身完成动作，将动作全貌展示给学生，让学生了解动作的一种方法。示范法由于其简单、真实、生动、富有感染力的特点，是同步跳绳教学中最常用的方法。一方面，示范法能帮助学生建立正确的动作认知；另一方面，示范法能使学生产生学习的兴趣，并使他们产生学习花样跳绳的欲望，起到鼓励和激励学生学习的作用。除此之外，教师优美的示范动作也是提高教师威信的重要途径之一。

(1)示范的种类

随着花样跳绳技术的不断发展，花样跳绳的教学内容逐渐增多，同时花样跳绳的示范方式也随之增多了，常用的有完整示范法、分解示范法、慢速示范法、对比示范法等。

①完整示范法

完整示范法指对单个、联合和成套的动作从头到尾进行示范。示范主要用于动作不复杂、难度小、不能分解的动作和组合。完整示范法的优势在于它可以将动作的整个过程展示给学生看，让他们形成一个完整的动作印象，从而提高教学效果。

②分解示范法

分解示范法是指在花样跳绳教学内容中，有许多难度较大、路线较复杂的动作，学生无法一次性学会，因此，在教学过程中要进行分解式的教学，并将其拆分为若干部分进行示范。

③慢速示范法

慢速示范法是指人为地延长完成动作的时间，也就是刻意放慢做动作的速度，如此可以让学生更清楚、细致地看到整个动作的过程，从而加深学生对动作的认知与理解。需要注意的是，慢速示范法只适用于难度相对较小的动作。

④对比示范法

对比示范法是指针对学生在学习过程中的常见错误，相继做出正确的动作和典型的错误动作，以此使学生能够比较鉴别出正确和错误的动作，纠正自己的错误动作，并加强对正确动作的理解。在运用对比示范法时，应注意避免哗众取宠，过分夸张地展示错误动作；同时也不要过多地重复错误动作，以免造成相反的效果。

(2)示范的运用

在应用示范法时要注意以下几个方面。

①教师在进行动作示范时要精神饱满，富有感染力，动作要准确优美，这一方面可以给学生建立正确清晰的视觉形象，另一方面可以使学生感受到花样跳绳的美感，激发学生的学习热情。

②教师应根据教学的不同阶段，有针对性地进行示范。在教学的第一阶段，教师的示范应该是对动作的正确、完整的演示，学生通过教师简洁、形象、直观的讲解，能够建立完整的动作概念；在教学的第二阶段，除了完整的动作示范外，教师还应针对学生学习中出现的问题进行分解示范或对比示范，以利于预防和纠正学生的错误动作，使学生改进动作技巧；在教学的第三阶段，教师可少做动作示范，着重改进学生动作的细节，提高动作的质量。

③示范位置和示范面的选择要正确。示范位置应根据学生的总人数来确定，教师选择的示范位置要保证所有学生都能看清楚所示范的动作。花样跳绳动作的教学通常采用正面示范和侧面示范两种形式，具体采取什么样的示范形式，要视教学活动的结构特征和教学要求而定。

2. 图像法

图像法是指运用图解、电影、录像和多媒体等手段，显示动作完成的过程，让学生掌握动作的完整过程，让学生了解动作的运动学特性。尽管图像法不如示范法那么逼真，但它却有显示动作的功能。现代化教学技术，特别是计算机技术，可以从更多角度展现动作；动作完成的时间可以任意控制，可以快也可以慢；还可以定格在某一时间点，以便于分析其技术，并发挥出演示动作达不到的效果。使用摄影技术还可以将学生所做的动作拍摄下来并向其展示，使学生真正认识到自己动作中存在的问题。另外，根据不同的软件，利用计算机技术，在三维动画平台上制作出适合于教学要求的图像，并将这些图像录入到计算机进行自主独立的分类学习、插入学习、比较学习、连接学习和互动问答。

运用现代图像法进行花样跳绳的教学时应当考虑以下因素：第一，不同时段的教学需求；第二，教学内容的不同特征；第三，掌握好运用的时机；第四，与其他教学方法手段的有机结合；第五，对学生的需求与观察结果的影响；第六，现实情况与可行性。总之，随着社会的进步和科技的发展，现代教育技术也在不断提高，所以，教师要学会运用新的教学手段和方法，并将其逐渐运用到花样跳绳教学课堂中，为花样跳绳教学的发展添砖加瓦。需要指出的是，在教学中应注意到，教学方法和手段要有明确的目标，绝不能盲目使用。图像法教学毕竟只是一种辅助教学的手段，只有与其他教学方法相互配合，才能获得更好的教学效果。

（二）语音法

语音法是指教学中教师发出关于花样跳绳动作的指令或者播放关于花样跳绳音频的教学方法，这种语音信息是由声波传递给学生的听觉器官，由听觉器官来接收语音信息，然后把这些语音信息传递给大脑。语音法可以启发学生积极思考，使他们对动作的理解更加深刻，同时有利于学生分析问题能力的培养。在花样跳绳的教学中教师常用讲解、提问、提示和评价等语音法。

1. 讲解

讲解就是教师通过语音的方式把动作的名称、要领、要求、基本原理、结构和关键技术以及技术的内在联系讲解给学生，使学生加深对动作技术的认知与理解。教师在应用讲解法进行教学时应注意以下几点：第一，要有明确的目的性和针对性，并根据基础知识讲解动作的基本原则，以加深学生对动作的认识；第二，教师要做到语言精练、重点突出，能够运用术语和口诀等方式进行讲解；第三，教师要用生动的语言吸引学生的注意力，激发他们的想象力和联想力；第四，在教学中要注意讲解与示范的合理配合，在必要时可以边示范边讲解。

2. 提问

提问是指教师向学生提出问题并要求学生回答的教学方式。运用提问法可以培养学生分析问题与解决问题的能力。提问法的使用要注意：第一，所提的问题要用简明的语言解释清楚；第二，应根据学生的实际水平来确定题目的难易程度，如果难度太高，学生回答不出，会打击学生的自信心和积极性，如果题目过于简单，则对提高学生知识水平作用甚微；第三，当学生回答问题遇到阻碍时，教师应给予必要的提示。

3. 提示

提示是指学生在练习过程中，用简单明了的语言来提示动作的方向、用力的时机和部位、关键技术，以强化正确的技术，避免错误的动作。

4. 评价

花样跳绳教学评估是指教师对学生已经完成的动作的质量进行简单、精确的口头评定。在学生完成一个或一组动作后，教师应立即给予口头评价，如“非常棒”“还不错”等。对学生完成的动作的质量进行评价，一方面能够让学生了解之前练习的实际效果；另一方面，可以增强学生的自豪感，增强他们的学习动力。当然，教师也要清楚地说明学生在学习中遇到的问题，但要注意用词恰当，避免打击学生的积极性。

（三）练习法

花样跳绳具有开放性的特征，需要通过反复练习才能掌握。因此，花样跳绳教学中教师最常用的教学方法就是练习法。具体分为完整与分解法、重复练习法、变换练习法、游戏与比赛法。

1. 完整与分解法

（1）完整法

完整法是指对单个动作或动作组合进行整体的练习的方法。此方法适合在学习简单或不可分解的动作的时候运用，其优点是不会人为分割动作的技术结构，可以使动作保持完整，学生通过练习可以建立起完整的动作概念；完整法的局限性是在学习一些难度较高、较复杂的动作时不适合使用。

(2)分解法

分解法是把单个动作或联合动作分成几个有机联系的部分进行教学。通过对各个环节的熟练掌握，使其成为一个整体。分解法的优点是可对较难、较复杂的动作进行简化，使学生在学习这些动作时更容易上手，从而更快地掌握动作技巧；缺点是会割裂各部分之间的内在联系，破坏了动作之间的结构，使得学生较难形成完整的动作概念。

为了提高实际教学的效果，教师在使用分解法进行教学时应注意以下几个方面：第一，切勿盲目使用分解法，对于一些比较简单的动作，不用刻意地进行分解，否则不利于学习效率的提高；第二，教师在使用分解法之前，必须对动作的技术结构分析透彻，以便科学地分解动作；第三，学生分解练习的时间不能太长，否则会形成较强的动力定型，导致完整练习时技术不连贯；第四，运用分解法的最终目的是让学生掌握完整的动作，因此，教师在运用分解法时要注意与完整法的合理配合。

2. 重复练习法

重复练习法是指在相对固定的条件下，不改变动作的结构，按照动作要领反复练习。重复练习法多应用于单个动作和成套动作练习。重复练习法又可分为连续重复练习法和间歇重复练习法。

(1)连续重复练习法

连续重复练习法是指在练习中不间断地进行相同的动作或成套动作，比如在一套个人花样成套动作中，将组合一：SOO＋SCO＋SOC＋SCC＋SEO＋SEC 完成后不休息，然后，完成第二个组合：体操前空翻＋俯卧撑。在花样跳绳教学中，这种方法一般用于复习课或学习技巧较多的简单动作。运用连续重复练习法，一方面能够巩固和提高运动技能；另一方面，能够发展学生的专项素质，使学生的体质得到增强。

(2)间歇重复练习法

间歇重复练习法是指在重复练习过程中，有相对固定的间歇实践，间断性地反复进行一个动作或一套动作的练习。间歇重复练习法能够使动作技巧得到细化，在动作学习的第一阶段，通常采用间歇重复练习法。

连续重复练习法和间歇重复练习法有各自的长处和不足之处。在花样跳绳的教学过程中，教师应根据教学阶段、教学动作特点以及学生的现实状况，合理地选用合适的教学方案。在运用重复练习法时应注意：第一，要防止重复错误的动作，一旦出现失误，就要及时改正，甚至停止训练，否则会使纠正错误的难度加大；第二，在最初的学习阶段，通常不选用连续重复练习法，以免对正确技巧的掌握产生影响；第三，教师在运用连续重复练习法时，需要根据学生的实际水平和能力来确定连续的次数，连续次数过多，不仅影响动作技能的巩固，还可能伤害学生的身体健康。

3. 变换练习法

变换练习法是指不改变动作性质，合理改变动作的时间或外部条件，以达到提高花样跳绳学习效果的练习方法。运用变换练习法可以使动作变得较为简单，有利于初学者从简单到复杂逐步学习动作技术；也可以提高动作的难度，激励学生在掌握动作之后进一步提高动作质量；它还可以使练习者的动作更加灵活、丰富，增加练习的新鲜感，激发学生练习的兴趣和积极性。花样跳绳的变换练习法主要包括改变动作时间、改变动作的外部条件两种类型。

(1)改变动作时间

所有的花样跳绳动作都具备独特的时间特性，改变动作时间，就是依据教学目的和教学需要，改变常规的时间特性，人为地缩短或延长完成动作的时间，使动作难度降低或提高。延长动作的持续时间，简单来说，就是完成动作的速度要比平时更慢。对于一些花样跳跃动作，延长动作的持续时间会提高完成难度，从而增强学生完成动作的能力。例如，在一些异体位完成一些交叉动作，要适当地减缓发力动作的完成，并适当地增加平衡的时间，这样可以增强操作者对自身的控制力，增加练习者的肌肉力量。缩短动作时间即完成动作的时间要比用正常速度完成动作的时间要短。例如，完成前异侧胯下交叉＋同侧前胯交叉时，动作可以稍快一些，以便更好地把握动作的发力。

(2)改变动作的外部条件

改变动作的外部条件是指为了使动作顺利地完成而增加某些条件，以促进动作的顺利完成，如外部辅助，附加一定的辅助装置来帮助动作的完成。花样跳绳教学离不开外界的帮助。

4. 游戏与比赛法

(1)游戏法

游戏法是指在花样跳绳教学中，教师根据教学目标和教学内容，采用游戏性的方式组织学生进行各种动作训练。游戏具有趣味性、模仿性、竞赛性和创造性。通过游戏，可以使一些较为枯燥无味的技巧练习变得妙趣横生，这不仅可以使课堂气氛变得更为活跃，而且可以激发学生的积极性，促进他们的学习，提高他们的团队合作能力和良好的心理素质。游戏通常是在上课前或课后进行，目的是以游戏的方式达到使学生活动身体、集中注意力或放松的目的。

花样跳绳是一项很有特色的活动，教师可以利用它来创编出一系列深受学生喜爱的活动。比如，利用吊绳、横绳、爬竿、助木、云梯等器械，组织“过河”“探险”等活动；将双人操训练改为各种互顶、互拉、破坏对方平衡的游戏；利用短绳、长绳、实心球等轻器械练习组合游戏；把增强体质的“抬木头”“推小车”“爬倒立”等练习改成游戏或竞赛；将所学的各种花样跳绳动作组合在一起，组成游戏。

在花式跳绳教学中，教师可以发挥自己的想象力与创造力，围绕教学的目的与内容创编出有特色的游戏。教师在游戏的创编和实践中要注意以下几点。

①游戏创编应该围绕教学内容和教学目的，有助于完成教学任务，同时要注意选择运用基本教材辅助练习。

②创编时应制定简单明了的规则。游戏开始前必须说明规则和要求，监督学生执行游戏规则，游戏结束后立即宣布结果，并立即兑现奖惩措施，如惩罚失败的一方集体做俯卧撑。

③游戏的安全是很重要的，游戏所选的活动内容应是学生已掌握的较简单的动作，游戏的路线、方向、距离应适当合理，以防止学生在游戏中发生碰撞。此外，要对器械的安全性进行提前检查。

④游戏应该是创新的，创新的游戏可以更好地激发学生的兴趣，游戏重复太多，会使学生产生精神上的疲劳，降低游戏本身的乐趣和学生对游戏的新鲜感。

(2)比赛法

比赛法是指以比赛的方式来组织教学。比赛法是一种充满竞争性和趣味性的教学方式，它能激发学生的激情，充分发挥学生的身体和心理的潜能，培养他们的团队意识和顽强拼搏的意志品质。

花样跳绳教学具有多种形式，有游戏、教学、测试等多种形式，也有个人对团队、小组对班级的比赛。根据不同阶段教学任务的不同，花样跳绳教学比赛可以划分为三种类型：比完成率、比动作质量、比动作数量。

①比完成率是指比完成动作的程度。举例来说，把学生分为人数相等、整体水平一致的小组，每个小组中的学生在同一时间完成同样的运动，动作完成，得分，反之不得分，每个学生都要参与比赛，最后计算总得分，分数最高的小组获胜。通过这种方式可以激发学生的练习热情，充分挖掘和调动他们的潜能，提高动作的成功率。

②比动作质量是指跳绳教学的目标不仅是让学生学会动作，还要求学生做好动作。在花样跳绳的教学中，会有个别的学生认为只需要完成一个动作就可以了，而对动作的质量毫不关心，因此在第二阶段的学习中，通过对动作质量的对比，可以使学生更好地改正和改进运动质量。10 分制是比较动作质量较为常用的计分方法，此外，为了便于计分，教学比赛还可以选用 1 分制、2 分制等低分值的计分方法。

③比动作数量是指运动数目对比，是为了训练学生的专业素质，而竞赛项目通常都由学员自己来完成，技术相对简单。如连续双摇的时间、连续双摇的个数、连续三摇跳的次数等，比赛内容应根据学生能力薄弱环节进行选择，但不能选择比较危险、能危及学生身体健康的动作。移动次数也可以个人或团体阶段的形式进行。

设计和组织花样跳绳教学比赛时，需要注意以下几方面：第一，竞赛的设计与实施需要围绕教学内容和教学目标展开，为实现教学目标服务；第二，选择比赛内容时要充分考虑学生身体素质和技能掌握的实际情况，确保比赛的安全性；第三，比赛规则要简洁明确，易于理解和操作，教师要向学生解释清楚规则并加强监督；第四，教师对比赛结果的判定应迅速、果断、公正、公平、准确，并在赛后应进行总结评估，针对学生的情况提出其未来努力的方向；第五，要合理、严谨地组织比赛，防止拖延和影响比赛进度，在进行分组比赛时，教师要注意平衡各组的综合实力，尽量做到各组实力在同一水平上，提高比赛强度；第六，做好应急预案，注意比赛期间的安全，防止伤害事故的发生，若有学生受伤应及时采取相应措施。

第二节　花样跳绳的训练

花样跳绳训练包括竞技训练和一般体能训练。竞技训练指的是教师向学生教授花样跳绳的专项理论知识，对学生的技术技能、体能、心理素质等进行系统训练。竞技训练的目的是通过训练不断提高学生的技术水平和竞技能力，使学生不断进步，取得更加优异的比赛成绩。

一、花样跳绳训练的特点与基本原则

花样跳绳训练既有其自身的特点和内在规律，又有其必须遵守的训练原则，只有重视并严格按照这些特点、规律和原则进行训练，训练的最终目的才能顺利达成。

（一）花样跳绳训练的特点

1. 时间灵活性

花样跳绳对场地没有要求，跳绳的设备简单，轻便易携带，跳绳的活动也多种多样，可灵活安排。因此，对于一般跳绳爱好者来说，跳绳的训练时间比其他体育项目更加灵活。上班族可以在工作闲暇进行练习，学生可以利用体育课、课间和放学后（或业余时间）进行跳绳的训练。要想在业余花样跳绳训练中取得最佳效果，就需要明确长期的训练目标，找准发展方向和制订长期训练计划。同时，还要制订阶段性训练计划，包括具体训练内容的安排、拟采用的方法和手段，从而保障长期训练总体目标的达成。此外，学生还应注意学期和学年的周期性特点，在平时学习文化知识的闲暇时间，辅以同步跳绳训练，在节假日和临时训练期间，他们可以主要训练花样跳绳，坚持半天训练或全天训练。这种在学期和学年周期内进行的训练，其特点是将学生的脑力开发和身体素质锻炼相结合，这一点是其他专业训练所无法比拟的。

2. 项目多样性

花样跳绳包括田径中的速度、耐力等单项体能项目，如 1 分钟单人摆动跳等；体操和武术中也有难度较高和形态优美的运动，比如个人花式等；此外还有一些结合各种元素的表演项目。花样跳绳的项目多样性使得这一项目一方面可以引起更多人的兴趣，吸引他们参与其中，另一方面，种类过多使得训练的难度变得更高。

（二）花样跳绳训练的基本原则

1. 区别对待

区别对待原则是指在教师在花样跳绳训练过程中，要根据学生的个人特点（如年龄、性别、身体素质、基础训练水平和心理素质等），有针对性地、科学合理地确定训练目标、内容、方法、手段和训练负荷。个体训练水平越高，个人的特点就越突出，因此，区别对待原则是花样跳绳训练的最基本的原则。

2. 合理安排运动量

合理安排运动量原则指的是在花样跳绳训练过程中，教师要根据学生的训练水平和学

生所处的不同训练阶段，适当增加或减少运动量。

运动量的确定需要考虑训练的数量、强度、时间和密度等因素。一般来说，增加运动量都是从增加运动的数量开始的，在适应了一定运动的数量之后，依次慢慢增加运动的强度，增加运动的密度（即缩短运动的间隔），提高运动的难度和质量。

3. 速度训练与花样训练相结合

速度训练是花样跳绳训练中的基础训练，花样训练是一种高级的速度训练形式，要想花样跳绳跳得好，做好速度训练是前提。许多技巧的完成都是以速度为基础，如个人花样跳绳中的多摇跳、交互绳花样跳绳中的快速步法等，只有速度基础打好了，才有可能做出精彩的花样跳绳。

在训练前期要进行更多的速度训练，要注重基本的弹跳，加速绳的摆动，打下扎实的基本功；在摇绳速度达到一定程度（如 1 分钟达到 280～300 次）后，可以改为主要练习花样跳绳，并在此基础上加强节奏的练习，从而提高对动作的控制能力。

二、花样跳绳训练的内容

根据训练目的和内容的不同，可以将花样跳绳训练分为体能训练、技术训练和心理训练等。

（一）体能训练

体能训练又可细分为普通体能训练和特殊体能训练。在进行一般体能训练时，可以通过各种非特定的体育锻炼来优化运动员的体形，提高身体素质，强化身体技能，全面发展运动素质。在开展专项体育训练时，根据专项训练的需要，采用与专项运动密切相关的专项体育锻炼，开发和提高专项运动所需的专项运动素质和身体机能，直接关系到专项运动的表现。

1. 力量素质

力量素质与其他体质的关系密切，它对人体的肌肉耐力增长、敏感度的发展、速度质量的提高起着不可忽视的作用。所有的技术动作的展示都是由肌肉的运动来完成的，而力量素质则是一个很好的衡量标准。

在力量训练中，要兼顾力量与适应性，以速度与力量为主要内容，以力量训练为主，两者要相互配合，但要注意，不宜以增加肌肉体积的方式来发展力量。在力量发展的早期阶段，主要是加强身体各系统的力量，提高肌肉的协调性。通过不同的跑、跳运动（如接力跑、S 路线跑），通过不同的反复跳跃动作来提高弹跳的强度；通过俯卧、仰卧的“两头起”等训练，提高腹背肌的力量；通过“推车”、俯卧撑的方式，提高上肢的肌肉强度。弹跳力是花样跳绳中用力的主要方式之一，超等长力量练习法则是一种有效的锻炼方式。另外，也可以借助地势来进行诸如沙地跑、上（下）坡跑、跑（跳）台阶、提踵、深蹲跳等运动来提高速度和力量。重点在于，在安排力量训练时，要充分考虑到每个人的特点，进行差别化的处理，科学地安排练习的次数（组）和时间（间歇期），逐步增加，使身体各部位的力量协调发展。

花式跳绳的力量素质是指在极少的外部阻力条件下，能够在最短的时间里，使肌肉的力量得到最大限度的释放，也就是爆发式的弹跳，而快速的反复运动则是速度。在跳绳运动中，最大限度地发挥练习者的速度和弹跳能力，是练习者专项素质训练中的一个重要环节。跳跃是花式跳绳最基本的一项，它的特点是跳的高度和速度，比如晃动、跳跃等，个人跳起一次，绳索就会在空中绕身体三周以上，跳到一个高度，就可以完成这个动作；为了在一定的时间里更好地完成动作，练习者必须有连续的、迅速的跳跃。练习者的弹跳力发展是指在进行不同的跳跃动作时，其肌肉的工作方式、动作结构、用力方向、关节角度等都符合跳绳的技术要求。这是一种非常接近于特定技巧的弹跳力练习，它可以帮助练习者熟练地掌握和改进花样跳绳的技巧，包括直体跳、收腿跳、分腿跳和各种转体跳。利用专业训练（例如连续双摇、连续三摇等完整技术的反复练习），可以提高跳绳练习者的弹跳力。

2. 速度素质

速度素质是跳绳的基本素质之一，主要包括反应速度和动作速度。速度素质的发展水平影响着运动技术水平、运动能力和比赛成绩。速度能力主要表现为动作速度，也就是完成单个动作的速度或连续完成几个动作的速度。有资料表明，发展速度的敏感期在人的10～13岁这个年龄段，因此，应该抓动这个练习速度的关键时期进行适当的练习，从而提高练习者的快速动作能力。

跳绳动作按照速度表现来分类，通常可分为连续跳跃速度、脚步变换速度、摇绳速度、手部变换速度等，而各种动作速度的提高可通过特殊专门的重复练习来实现，以达到最大速度，建立专项的速度储备。练习时，一般选择主要的、典型的并被练习者熟练掌握的动作，要在不影响技术的情况下进行。发展速度练习要求练习者使用极限或接近极限的速度来完成每个动作（或反复），使完成动作所需的时间最小化，例如在最短的时间内做多个单摇跳、双摇跳、三摇跳等，逐步增加练习的难度。在练习时，如果有技术变形，就要马上停止。

练习者也可以使用条件刺激练习来提高跳绳的速度。有条件的刺激是给练习者一个已知的信号，以根据该信号改变动作的速度或节奏。可以用击掌、口令等提示交替重复练习慢—快—最快—快—慢。对动作速度的要求应该逐渐达到最快并超过通常的习惯速度，练习者的中枢神经系统需要具有高度的兴奋性。因此，速度的练习应该安排在前半部分。为了调动练习者的积极性，可以使用比赛方法和其他形式，但必须在训练前半节课上练习，同时，练习的时间安排要合理，动作重复的次数过少或过多都对提高动作速度不利。

3. 耐力素质

耐力素质是指身体在长期的工作和锻炼中克服疲劳的能力。在花样跳绳中，高难度多摇跳是一种无氧运动，而低难度和步法变化则是一种有氧运动。在训练中，要注重适当的负荷控制，尽量多地积累有氧耐力，同时要根据学员的年纪，逐步提高他们的耐力水平。

跳绳本身是一种很好的锻炼耐力的方式，例如，通过100～120次/分钟匀速连续单摇跳绳的方法来增强有氧耐力，并以脉冲频率为指标来控制运动强度。通常来说，运动时的心率在130～170次/分钟是合适的，运动结束后5分钟心率恢复到120次/分钟以下。此外，还能通过长跑、游泳或各种球类运动来提高有氧耐力。考虑到跳绳需要无氧耐力，可以利用400米跑来进行无氧耐力训练。随着练习者训练水平的不断提高，练习的负荷也要随之增大。

在花样跳绳专业比赛中，要求在45～75秒内完成多种花样，其中大部分是难度较高的跳跃动作，这些动作的运动强度很大，能量供给主要源于无氧糖酵解能量。花样跳绳爱好者要想提高抗疲劳能力，可以通过专项耐力训练，以此建立专项耐力储备。花样跳绳爱好者的耐力素质可以通过快速单次跳绳动作的重复练习，或者重复练习1/2、1/3或一整套动作来提高，动作重复的次数要根据训练水平的提高而逐步增加。

4. 灵敏协调素质

灵敏协调素质是多种素质的综合体现，其生理学基础是中枢神经系统传导过程的协调。灵敏协调素质是准确掌握跳绳技术的基石，跳绳是一项尤为强调手脚配合的运动项目，尤其是跳跃后手的变化必须协调，否则很容易导致动作失败。

要想提高灵敏协调素质，就要把培养肌肉合理使用力量的能力放在首位。技术动作的完全协调需要练习者在完成动作的过程中在恰当的时机合理地使用力量。这就要求练习者在进行基本技术的练习时，必须严格按照技术动作的具体要求对肌肉进行收缩和放松，该紧张的紧张，该放松的放松，科学合理地配合，灵活进行交替，让动作变得流畅、协调和自然。

要想提高练习者的协调性，可以让练习者从简单易做的单次摇摆跳绳动作开始练习，教师通过理论说明和动作示范，使练习者在认知上建立起正确的动作外观，并通过放慢速度、小强度的重复练习，让练习者有意识地将注意力放在体验力量的顺序、肌肉的紧张或松弛上面，从而提高肌肉的协调性和对力量的分配能力，掌握合理的用力方法，最大可能地体会完成动作时相应肌肉的用力感觉。随着练习的进行不断深入，练习的速度应逐渐加快，强度应逐渐加大(由单摇变为双摇)，以增加肌肉用力的精确分化程度。

此外，应该培养模仿的能力。花样跳绳动作千变万化，花样繁多，练习者在学习的早期应该有意识地进行模仿，尤其是在学习旋转动作时，模仿是一种很好的学习方法。教师应逐渐增加动作的复杂性，并注意培养练习者的时空感和定向能力。

初学者也可以利用外界的刺激来改善自身协调动作。举例来说，可以按照动作节拍边数边跳，帮助自己寻找节奏，并协助手脚的配合；还可以选择节奏性强的音乐，随着音乐的节拍跳绳，锻炼身体的协调性。

协调性的练习对练习者的注意力要求很高，长时间的注意力高度集中，容易使人疲劳，因此，协调训练应该放在课程开始时，训练的时间不宜过长，重复次数无须太多，训练过程中应有足够的休息时间。

5. 柔韧素质

良好的柔韧性是花样跳绳练习者能够快速、准确、协调、连贯地完成一系列技术动作的保障，拥有优秀的柔韧素质，练习者才能展现出高水平的运动技术水平，同时还能极大避免受伤事故的发生，确保和延长运动的寿命。柔韧性不好会极大限制动作的幅度，妨碍运动协调，在做动作时会僵硬、不协调，这也是造成动作错误和受伤(如肌肉或韧带拉伤)的原因之一。

柔韧性的训练与练习者的年龄有着密切的联系。8～12岁是学生柔韧素质发展的"敏感期”,抓住这一时机进行训练可以起到事半功倍的效果。柔韧性的训练,按照人体解剖部位可以分为腿、腰、肩、膝、髋的大关节和腕、踝小关节,在促进大关节柔韧性、灵活性发展的同时,也要注意发展小关节的柔韧性,使关节的灵活性、肌肉的弹性得到提高。在进行柔韧性训练时,应采用动静结合、上下结合、柔韧性练习与速度力量练习相结合的方式,通过全面的柔韧性练习,使运动员达到柔而不软、韧而不僵的要求。

做柔韧性练习之前,要做好充分的准备活动,使全身得到放松。通过外力的帮助来进行压、扳等柔韧性练习,要逐渐加大力度,增加动作幅度,不要突然用力,以免造成运动损伤。

此外,在花样跳绳训练结束后,必须进行拉伸肌肉的运动,一方面可以保持肌肉纤维的长度;另一方面,对肌肉进行拉伸能够使更多的血液流向练习的肌肉,以此加快肌肉恢复速度。

（二）技术训练

花样跳绳技术训练包括跳绳速度训练、单一花样动作训练、组合花样动作训练、整套花样动作训练,针对不同阶段、不同的目标任务,采取不同的训练方式,以提高花式跳绳的质量和技术水平。

1.跳绳速度训练

速度跳绳具体分为单摇跳速度、双摇跳速度、三摇跳速度、两人一绳同摇同跳速度、带人跳速度、交互绳速度、长绳绕“8”字速度等。各类跳绳速度都是由单一动作组成的,单次动作要先重复,使用两种方法:计数和计时。计数一般用于技术开发的早期,计时一般用于技术发展的中期,计数和计时可以在技术开发的后期综合使用。例如,为了提高 30 秒单摇跳绳的成绩,在训练初期可以先从连续跳跃 30 次(只算右脚)开始,每次训练可以练习 8～10 组;在训练中期可以连续跳跃 5 秒、10 秒或 15 秒,逐渐增加至 30 秒或超过 30 秒。为了提高 3 分钟耐力速度跳绳的成绩,可以练习 30 秒、60 秒、90 秒,重复 2～3 组,逐渐增加到 3 分钟。

音乐训练法常用于跳绳速度训练,即根据音乐的节拍来调节练习者的跳绳速度和训练时间,根据不同的能力等级,编写不同的节拍,使练习者的跳绳节拍得到较好的训练。

2.单一花样动作训练

单一花样动作训练是花样跳绳训练内容中最基本的,是学习复杂技术动作和创新动作的基础,同时为训练者学习并掌握各种花样跳绳技巧创造条件,并根据动作要求反复练习,严格要求,反复训练。

可以使用重复训练法来练习单一花样动作。重复训练法是花样跳绳训练中应用最多的训练方法之一。通过反复练习,可以清楚地认识到动作的改变,并建立和强化条件反射,有效地改善动作的质量,从而使训练的水平得到进一步的提升。在学习和掌握技术动作时,每一次练习都要重复相同的内容,练习间隔的时间应能保证身体得到基本恢复,学习和掌握技术动作时,每次练习重复的内容应当相同,间歇时间要保证机体得到基本恢复,保持神经系统在适度兴奋状态下感知综合运动感觉。这种类型的训练对于负荷强度的要求不高,但需要注意的是,为了形成正确动作的动力定型,必须严格按照正确的动作规范进行训练。在训练过程中,只进行重复训练既单调又枯燥,会使练习者无法一直保持积极性。同样的练习内容，通过对练习形式进行改变，就可以使练习者感到新鲜，保持兴奋，从而达到预定目标。例如，例如，在练习后摇跳花样时，可采用前摇跳和后摇跳相结合的形式交替进行练习，或者采用在移动中练习的方式。每个动作宜重复 6～8 次，如果动作的重复次数太少，则练习的负荷不够，可能无法提高技术水平；如果动作重复过多，易使动作变形，不能形成正确的动力定型。

3. 组合花样动作训练

在不同的跳绳类别中，可以将同一类别的花样或不同类别的花样组合在一起，组合的长度应适中，一般由 5～8 个不同的花样动作组成。练习者组合花样动作训练技巧是花样跳绳技术训练中广泛使用的方法，这有利于练习者掌握和提高动作之间的衔接技能，提高动作的连贯性。

练习者可以对跳绳动作进行分类，如个人花样中的多摇跳组合、车轮跳花样中的挽花类组合、交互绳花样中的力量型组合等。每种类型的动作按照一定的顺序选取一定数量的动作进行排列组合，也可以将排列好的组合进行再组合形成新的不同类别的组合，通常这些组合是难度组合和关键组合。这种动作复杂，难度大，需要较高的体能和技术，所以在跳绳的整体编排中扮演着画龙点睛的角色，可以成为一个小小的高潮。为了增强完成难度组合和重点组合的能力，一般采用重复训练法、间歇训练法和循环训练法。

重复训练法通常在训练的早期阶段运用，每两次训练之间需要保证足够的休息时间，主要目的是让练习者动作更加熟练，动作规范化和标准化，形成正确的动力定型。

间歇训练法是指在多次动作训练中对间歇时间有着严格的规定，使练习者的身体处于不完全恢复状态的反复运动的训练方法。间歇训练法要求练习者在身体尚未完全恢复时就进行下一次练习，因此对培养身体耐受乳酸积累和承受氧债的能力有着显著的效果，此外，间歇训练法还可以有效加强呼吸和心血管系统的功能。在使用间歇训练方法时，还应注意间歇训练计划的制订必须依据训练任务，间歇训练计划包括五个要素，分别是每次运动的次数、负荷强度、重复次数(组)、间歇时间和休息方式。除此之外，过度恢复原则也同样适用于间歇训练法，包括增加每次运动的强度、增加运动的重复次数和调整间歇时间。练习者在运用间歇训练法进行练习时，由于在身体还没完全恢复时就进行下一次运动，使得运动负荷很大。因此，教师必须根据每个练习者所能承受负荷的实际能力来科学合理地安排时间间隔。同时，练习者应该主动向教师如实反映自己的身体状况，密切配合，共同提高培训水平。

循环训练法指的是将练习按照训练的具体任务设置为多个练习站，练习者按照已经规划好的顺序和路线依次完成每个站的练习任务的训练方法。通过这种方法能够对练习者的训练情绪进行有效的刺激，积累负荷“痕迹”，交替刺激不同位置。例如，把不同类型的跳绳运动(如个人绳、交互绳、车轮跳等不同类别的花样跳绳)编程到各种锻炼程序中，用流水作业的形式或者分组轮换的形式将这些练习程序进行循环训练。

4. 整套花样跳绳动作训练

整套花样跳绳动作是指在一套完整的花样跳绳的动作中，运用多种从单个动作和组合动作训练中所掌握的动作规格、速度和节奏的表演技巧。进行整套花样跳绳动作训练时要注意处理好整套动作的节奏，以及科学合理地分配好自己的体力，从而使整套动作能够连贯、流畅，一气呵成。

在整套动作训练中，还需要注意所做动作的正常化和成功率。因为整套花样跳绳动作包含了几十个花样，动作数量多、难度大、耗能高，如果整套训练内容过多，会使已掌握的动力定型遭到破坏，影响整套动作的质量，因此，在进行整套动作训练时，训练不应过多，但在赛前可增加训练。整套动作训练在一次训练中的次数通常控制在 2～4 次，主要是基于重复训练的方法。在一次训练后的间歇时间里，练习者的身体机能应该基本恢复。在练习过程中，练习者必须要按照正式比赛的要求，全力以赴地进行整套技术动作的练习。教师可以通过练习者完成整套花样跳绳动作的时间和心率这两个指标，以及以目测的方式来对练习者整套训练中动作质量(即使在过程中有个别错误，练习也不会停止)进行评价。对于完成得不好或者失败的动作，应重做或者再通过组合练习来加以改进和提高。

此外，变换训练法也是花样跳绳训练经常采用的方法之一。变换训练法是指通过改变练习者的练习负荷、练习内容、练习形式和条件，来提高练习者的积极性、趣味性和适应性以及应变能力的训练方法。对于技术训练来说，应用变换训练法的目的是优化和巩固技术，具体操作包括放慢运动速度、加快运动速度、换绳练习等，通过这些训练可以让练习者体验不同的力量感，从而更好地掌握动作细节，提高花样跳绳的技术水平。除此之外，还可以通过改变训练的练习条件和环境，如由室内改为室外、由白天练习改为晚上练习、组织小型比赛和测验、外出表演等方式，以培养练习者的适应能力和表演比赛的临场经验。

(三)心理训练

花样跳绳花样动作繁多，小组项目更具合作性，而且一根绳子与所有跳绳者有关，这很容易出错，因此有必要在加强技术训练的同时加强练习者的心理练习。

心理训练是根据跳绳选手的心理现实情况，有意识、有目的地施加积极影响，使其形成良好的心态，从而增强其心理能力和发展其心理素质。从身心的统一观点出发，只有把心理训练和体能训练、技术训练有机地结合起来，才能全面挖掘练习者的身心潜能。

1. 放松训练

运用语言暗示、意念、想象等方法，有意识、系统地进行肌肉锻炼，使身体逐渐放松，呼吸缓慢，使身体、情绪、心理保持平和。放松训练的具体方法包括肌肉放松、呼吸放松和想象(外观)放松。

2. 表象训练

表象训练也叫作想象训练和念动训练等。表象是一种非常重要的心理能量，其优点是有利于跳绳者提高动作的熟练程度，加快掌握新技术的速度，改变不良的习惯，演练比赛场景，预想行动方案，提高自我观察力，建立自信心等。只有清晰的表象，才能在运动时灵敏感知姿势和肌肉用力状态的变化，及时纠正动作误差，以保证动作的准确性。

3. 集中注意力训练

跳绳者只有注意力集中、分配和转移能力强，才能保证训练的顺利进行以及比赛获得成功。集中注意力训练的方法包括利用视觉集中注意力、利用听觉集中注意力和利用呼吸集中注意力。

(四)恢复训练

恢复训练是指为消除训练和比赛后的疲劳所进行的训练。跳绳运动员在训练和比赛后,由于消耗大量能量而产生疲劳,运动能力大大下降。恢复训练的目的是通过多种有效的方法和手段来加速运动员的疲劳消除、能量储备、恢复体力,以达到更好的状态,从而进行新的训练和竞赛。

1. 训练学方法

通过适当的肌肉锻炼来控制跳绳者的体能。比如,要根据自己的体质,合理地安排体育活动,科学地组织体育活动,调节体育活动的环境和方法;训练前和训练后安排对应的准备活动和收尾活动。

2. 心理学方法

跳绳者可以利用心理学的方法和手段,迅速缓解精神紧张和心理紧张,降低心理抑制状况,尽快恢复神经能力,并缓解和放松参与活动的各种功能系统的紧张,例如使用自我暗示和听音乐放松。

3. 医学、生物学方法

运用医学和生物学方法和手段,提高机体承受负荷能力,尽快消除全身疲劳并补充能量储备。举例来说,按摩能使肌肉松弛,加速血液循环;此外,水疗、红外线疗、蜡疗、电疗、磁疗等方法也可以达到放松肌肉、恢复机体能量的目的。

第三节　花样跳绳的竞赛

体育竞赛是检验教学效果和训练水平的有效手段。运动员通过比赛可以互相交流技能与经验,开拓自己的眼界,最终实现相互学习、相互促进、增进友谊和共同进步的目标。

一、花样跳绳比赛的组织

组织一场花样跳绳比赛的步骤包括制定竞赛规程、建立竞赛组织结构、实施各项竞赛事项和组织裁判团队。

(一)制定竞赛规程

制定竞赛规程既是组织竞赛工作的前提与基础,同时也是指导竞赛组织者和参与者工作和比赛的重要文件。竞赛规程是由赛事主办方在赛前根据比赛目的和任务来制定的。对竞赛规程的要求是:严谨细致,语言简练精确。竞赛规程必须提前发送给所有与本场赛事有关的单位、组织和人员,使其能够认真学习、充分理解、提前准备并跟踪执行。竞赛规程通常包括以下几部分内容:

(1)竞赛名称;

(2)目的或任务;

(3)主办单位和承办单位;

(4)竞赛日期和地点;

(5)参加单位和参加办法;

(6)竞赛项目;

(7)报名、报到;

(8)录取名次和奖励办法;

(9)裁判员和竞赛委员会及竞赛监督委员会的组成;

(10)注意事项。

上述内容可根据竞赛的实际情况,适当地增加或减少。

(二)建立竞赛组织机构

单项比赛的组委会相当于大型运动会的单项比赛委员会,是负责整个比赛工作的临时领导机构,主要由组织者和参赛单位、裁判组和仲裁委员会负责人组成,决定大会的组织方案,并指导大会的竞赛工作。

组委会设主席1人,副主席若干人,委员若干人。组委会由秘书处、竞赛部、竞赛监督委员会、仲裁委员会、裁判委员会等组成,负责行政、竞赛和裁判事务。

(三)裁判队伍的组织与职责

1.总裁判长

(1)领导各裁判组的工作,组织裁判员学习竞赛规则和竞赛规程,落实裁判员分组及分工,确保裁判组公平、公正地执裁。

(2)赛前,检查落实场地、器材、裁判用具以及安排编排、抽签等各项准备工作。检查参赛运动员报到情况,通报训练场地和时间安排。

(3)召开总裁判长、领队和教练员联席会议,对竞赛相关事宜进行必要的说明,及时解答领队和教练提出的问题。

(4)比赛中,指导各裁判组的工作,解决竞赛中的有关问题,但无权修改规则。

(5)若比赛在室外进行,遇特殊情况(如大风、暴雨等)影响比赛,有权决定比赛是否继续。

(6)赛后审核并宣布成绩,做好对比赛裁判工作的总结。

2.副总裁判长

(1)协助总裁判长工作。

(2)如果总裁判长缺席,代理总裁判长职责。

(3)完成总裁判长分配的工作。

3.裁判长

(1)组织本裁判组的业务学习并实施裁判工作。

(2)向计时员示意裁判员准备就绪,向运动员示意各就各位。

(3)负责记录和判罚运动员比赛中的犯规和失误。

(4)比赛结束后,负责登记和签署比赛成绩登记表。

(5)审查小组中的裁判员的得分,并对在工作中犯下错误的裁判员予以警告。

4. 裁判员

(1)遵守大会各项规定。公平地执行规则并公平执裁。

(2)服从总裁判长、副总裁判长和裁判长的领导,认真参加各项业务的学习,并做好充分的准备工作。

(3)正确地进行计数或评分工作,并认真填写临场记录表。

5. 编排记录长

(1)对竞赛节目录制小组进行监督。

(2)在比赛之前,将所有参赛资料都整理好。负责组织竞赛的抽签工作,印制赛程表,并将其发给裁判团及各参赛队。

(3)在比赛结束后,统计比赛的成绩,宣布比赛的排名。

(4)整理竞赛原始材料并归档。

6. 编排记录员

(1)遵守编排记录长的工作计划。

(2)负责统计比赛成绩。

(3)每次比赛后,将记录本整理好,呈交编审组。

(4)审核竞赛结果,打印出名册,公布结果。

7. 计时员

(1)负责计数赛、花样赛、表演赛的电子口令和音乐的广播。

(2)负责所有比赛的手动计时工作,包括连续三跳前 15 秒及二次试跳的前 15 秒计时工作。

(3)参赛选手若出现时间犯规,应及时通知主裁判。

8. 宣告员

(1)介绍比赛情况和安排,介绍执行裁判员、运动员,宣告比赛结果等。

(2)负责赛场的宣传教育和对观众的引导工作。

9. 检录长

(1)负责检录组的各项工作。

(2)按照竞赛规程的规定,安排比赛场地,并对比赛设备、选手的着装进行检查。

(3)及时进行检查,发现有球员未到场或弃权的情况。

(4)审核并书面确认检录单。

(5)组织开、闭幕式,颁奖以及各运动队的进退场工作。

10. 检录员

(1)比赛前负责运动员点名。

(2)协助检录长检查运动员服装、比赛用绳及备用绳。

(3)引导运动员进入指定的比赛场地。

(4)向检录长报告弃权运动员(队)名单。

二、花样跳绳竞赛评分办法简介

花样跳绳竞赛是一种规范的跳绳竞赛，它对跳绳运动的发展起到了重要的指导作用。随着跳绳技术的不断发展，跳绳运动的规则和得分方式也在不断地发展、变化、完善和推新。在此所述的花样跳绳比赛的得分方式只供参考，应以每场比赛的现行规则为准。

（一）计数赛评分办法

1.30 秒单摇跳

（1）目标：在 30 秒内完成尽可能多的单摇跳。

（2）口令："裁判员准备—运动员准备—预备—跳（或哨音）—10—20—停（或哨音）"。

（3）技术要求：

①运动员双手摇绳，双脚以同步跳或轮换跳的方法跳绳，每跳起一次，绳跃过头顶并通过脚下绕身体一周（360°），称作单摇跳。

②运动员在指定场地内完成比赛视为有效动作。

③抢跳将从最后成绩中扣除 5 次。

④失误不扣分，但失误次数会被记录下来。

（4）计分方法：双脚同步跳累计跳绳成功通过脚下的次数；双脚轮换跳累计跳绳成功通过右脚脚下的次数，再乘以 2。

①应得数。每场比赛分别由 3 名裁判员计数（建议使用计数器），如果出现 1 名裁判员计数与其他两名裁判员不同的情况，以两个相同计数为准；如果出现 3 名裁判员计数都不相同的情况，取三个计数的平均值，该平均值的整数值为运动员该场比赛的计数应得数。如果 3 个裁判员的计数有两个误差大于等于 10，运动员可以申请重新进行比赛，重赛时间为下一轮次结束。

②最后有效次数。计数应得数减去主裁判判罚的犯规应扣次数，为运动员的最后有效次数。

③名次确定：比赛成绩按最后有效次数确定，次数多者名次列前；如次数相等，以失误少者名次列前；如仍相等，则名次并列。

2.30 秒双摇跳

（1）目标：在 30 秒内尽可能多地完成双摇跳。

（2）口令："裁判员准备—运动员准备—预备—跳（或哨音）—10—20—停（或哨音）"。

（3）技术要求：

①运动员双手摇绳，双脚同时起跳，每跳起一次，绳跃过头顶通过脚下绕身体两周（720°），称作双摇跳。

②运动员在指定场地和规定时间内完成的动作视为有效动作。

③抢跳将从最后成绩中扣除 5 次。

④失误不扣分，但失误次数会被记录下来。

（4）计分方法：双脚同步跳累计成功次数。其他同 30 秒单摇跳。

3.3分钟单摇跳

(1)目标:在3分钟内尽可能多地完成单摇跳。

(2)口令:“裁判员准备—运动员准备—预备—跳(或哨音)—30—1分钟—30—2分钟—15—30—45—停(或哨音)”。

(3)技术要求:同30秒单摇跳。

(4)计分方法:同30秒单摇跳。

4.连续三摇跳

(1)目标:没有时间限定,一次性不间断完成尽可能多的三摇跳。

(2)口令:“裁判员准备—运动员准备—预备—跳(或哨音)”。

(3)技术要求:

①运动员双手摇绳,双脚同时起跳,每跳起一次,绳跃过头顶通过脚下绕身体三周(1080°),称作三摇跳;连续三摇跳是指连续不间断(一次性)地完成尽可能多的三摇跳,起跳可以有过渡动作,但中间不能间隔或变换其他动作。

②运动员须在指定的场地内比赛,失误、踩线、出界或出现其他犯规行为,比赛即宣告结束。

③运动员必须在开始哨音后15秒内跳出三摇跳,否则比赛即宣告结束。

④运动员连续三摇跳不足15个失误时,允许运动员进行第二次尝试,但必须在15秒钟内开始重跳,重新开始计数,比赛成绩以最后一次的成绩为准。

(4)计分方法:累计一次性不间断完成连续三摇跳的成功次数。其他同30秒单摇跳。

5.4×30秒单双摇接力

(1)目标:在120秒不间断的时间内,4名运动员按照先后顺序依次完成30秒接力跳绳,前两名运动员需要尽可能多地完成单摇跳,后两名运动员需要尽可能多地完成双摇跳。

(2)口令:“裁判员准备—运动员准备—预备—跳(或哨音)—10—20—换—10—20—换—10—20—换—10—20—停(或哨音)”。

(3)技术要求:

①前两名运动员必须使用单摇跳,后两名运动员必须使用双摇跳;跳法要求同30秒单摇跳和30秒双摇跳。

②运动员在指定场地内完成的动作视为有效动作。

③在“换”口令下达后,前一位运动员必须停止跳跃,后一位运动员开始起跳,否则视为转换犯规,从比赛成绩中扣除5次。

④失误不扣分,但失误次数会被记录下来。

(4)计分方法:按照单、双摇项目计数方法累计成功次数。其他同30秒单摇跳。

6.3×40秒交互绳速度接力

(1)目标:在120秒不间断的时间内,3名运动员按照先后顺序轮流摇跳交互绳,依次以每人40秒接力的形式在交互绳中尽可能多地完成双脚轮换跳。

(2)口令:“裁判员准备—运动员准备—预备—跳(或哨音)—10—20—30—换—10—

20—30—换—10—20—30—停(哨音)”。

(3)技术要求：

①运动员必须采用双脚轮换跳跳法，否则不计入总成绩。

②运动员在指定的场地内完成的动作视为有效动作。

③必须在“换”的口令下达后，两名运动员才能进行摇跳绳互换，否则视为转换犯规，从比赛成绩中扣除5次。

④跳绳顺序为3名运动员分别为甲、乙、丙，乙、丙先摇绳，甲面向乙跳绳，40秒时间到时，甲换接乙摇绳，乙进绳面向丙跳绳，40秒时间到时，乙换接丙摇绳，丙进绳面向甲跳绳。每位运动员必须面向正确的方向摇跳绳才被计数，否则不计入总成绩，直到时间结束。

⑤失误不扣分，但失误次数会被记录下来。

(4)计分方法：跳绳运动员双脚轮换跳累计右脚成功次数。其他同30秒单摇跳。

7.3分钟10人长绳“8”字跳

(1)目标：在3分钟时间内，两名运动员同步摇单长绳，其他8名运动员依次以“8”字路线绕摇绳队员，并尽可能多地完成跑跳进出绳。

(2)口令：“裁判员准备—运动员准备—预备—跳(或哨音)—30—1分钟—30—2分钟—15—30—45—停(或哨音)”。

(3)技术要求：

①两名摇绳运动员之间的距离大于等于3.6米。

②运动员必须依“8”字形跑跳穿越长绳。

③运动员在指定的场地内完成的动作视为有效动作。

④失误不扣分，但失误次数会被记录下来。

(4)计分方法：运动员无论采用何种方式，均须依次以“8”字路线跑入绳中跳跃，再成功跃出长绳，计数1次，在3分钟内累积成功次数为最后成绩。其他同30秒单摇跳。

(二)花样赛评分办法

1.个人花样

(1)目标：在规定的45～75秒内，按照花样跳绳的基本规则，合理利用自己的身体姿态，和跳绳进行协调，通过想象、联想和创意，将各种不同的人绳技术动作结合起来，配上符合动作节奏的音乐，全面展示个人绳项目的技巧性和艺术性。

(2)口令：裁判员准备—运动员准备—预备—开始，中间没有时间提示，在“75秒”比赛结点会宣告“时间到”。

(3)技术要求：

①每人只能配置一根跳绳，不能增加其他器材或特殊装备。

②运动员在指定的场地内所做的动作视为有效动作。

③轻微失误每次扣2分，严重失误每次扣5分。

④在一套花样中，重复花样只评一次分。相同的花样以前摇绳或后摇绳做出将被视为不同的动作，将被再次评分，难度级别相同。

（4）评分元素：个人绳花样评分因素由动作难度、创意编排和完成质量三部分构成。

①动作难度。按照五个花样难度类别分四个不同的难度等级，一至四级难度对应分值由低到高分别为1、2、3、4分，每出现一个不同的动作，按照动作难度等级分累加，上不封顶。

五个花样难度类别分别为：基本花样、交叉花样、多摇花样、体操花样、放绳花样。一套动作中必须包含这五种花样难度类别以及速度转变和绳向转变，每缺少一种类别将扣除2分。

②创意编排（50分）。创意编排评分由音乐运用（20分）、场地运用（10分）和花样编排（20分）三个部分组成。

a. 音乐运用（20分）

动作需要和与音乐的节奏、强弱相符合，跳绳动作的风格、类型以及运动员的现场表现必须与音乐的风格、特点和结构相辅相成，音效的质量要高。裁判在优秀、良好、中等、一般、较差这五个等级的得分范围内打出相应的分数，所打的分数必须是整数。评分标准如下：

优秀【17～20分】；良好【13～16分】；中等【9～12分】；一般【5～8分】；较差【0～4分】。

b. 场地运用（10分）

运动员大部分时间都在进行花样演练训练，活动的范围应覆盖整个比赛场地。裁判员在优、良、中、中、差五个等级的评分范围内给出相应的分数，所打的分数必须是整数。评分标准如下。

【9～10分】：优秀

活动范围应覆盖整个比赛场地并且在花样演练中大部分时间在移动。

【7～8分】：良好

移动覆盖整个比赛场地。

【5～6分】：中等

移动最少覆盖半个比赛场地。

【3～4分】：一般

最少移动了两次。

【0～2分】：较差

没有移动。

c. 创意编排（20分）

编排要富有个性，让人记忆犹新，在转换与动作之间要有创意，表现出高度的创造性，并鼓励一切的革新。裁判员在优秀、良好、中等、一般、较差五个等级的分数区间内打出相应的分数，所打的分数必须是整数。评分标准如下：

优秀【17～20分】；良好【13～16分】；中等【9～12分】；一般【5～8分】；较差【0～4分】。

③完成质量（50分）。完成质量由绳子弧度（15分）、身体姿态（15分）和表现力（20分）个三部分组成。

a. 绳子弧度（15分）

在完成花样技巧动作时，绳索能够自始至终保持完美的弧度，跳绳的轨迹清晰、正确且饱满。裁判员在优秀、良好、中等、一般、较差五个等级的分数区间内打出相应的分数，所打的分数必须是整数。评分标准如下：

优秀【13～15分】；良好【10～12分】；中等【7～9分】；一般【4～6分】；较差【0～3分】。

b. 身体姿态（15分）

在完成动作的过程中，动作干脆、清晰、到位；方法正确、规范；姿势优美、流畅，能时刻保持身体重心的平衡。裁判员在优秀、良好、中等、一般、较差五个等级的分数区间内打出相应的分数，所打的分数必须是整数。评分标准如下：

优秀【13～15分】；良好【10～12分】；中等【7～9分】；一般【4～6分】；较差【0～3分】。

c. 表现力（20分）

比赛精神饱满，动作自然大方、连贯流畅、轻松自如。能够通过自己的活力、热情、高超的技能来吸引听众；能够跟裁判或观众进行良好的交流（动作及目光），能够持续感染观众，具有强烈的自信心和表现力。有较强的自信和表达能力。裁判员在优秀、良好、中等、一般、较差五个等级的分数区间内打出相应的分数，所打的分数必须是整数。评分标准如下：

优秀【17～20分】；良好【13～16分】；中等【9～12分】；一般【5～8分】；较差【0～4分】。

（5）计分方法：

①应得分：动作难度裁判、创意编排裁判、完成质量裁判的最后得分总和为应得分。

②最后得分：应得分减去主裁判与失误裁判判罚的犯规应扣分数，为运动员的最后得分。

③名次确定：比赛成绩按最后得分确定，最后得分高者名次列前；如最后得分相等，则以动作难度分、创意编排分、完成质量分的评分顺序，分数高的名次在先。如仍相等，则名次并列。

2. 两人（或以上）同步花样赛

（1）目标：在45～75秒时间内遵循跳绳运动的基本规律，合理运用身体姿势的变化，人与跳绳配合默契，通过想象、联想和创新将多种个人绳技术动作组合在一起，搭配上恰当的音乐，全面展示两人（或以上）同步花样项目的技巧性和艺术性。

（2）口令："裁判员准备—运动员准备—预备—开始"，中间没有时间提示，在"75秒"比赛结点会宣告"时间到"。

（3）技术要求：

①每人只限一根跳绳，不能增加其他器材或特殊装备。

②运动员在指定的场地内完成比赛。

③轻微失误每次扣2分，严重失误每次扣1分。

④根据两人（或以上）动作的一致性评分，即根据两人一绳的互动配合给予评分；车轮跳动作不予评分。

⑤在一套花样中，重复花样只评一次分数。相同的花样以前摇绳或后摇绳做出将被视为不同的动作，会被再次评分，难度级别相同。

（4）评分元素：两人（或以上）同步比赛评分因素由动作难度、创意编排和完成质量三个部分组成。

①动作难度：按照六个花样难度类别分四个不同的难度等级，一至四级难度对应分值由低到高分别为1、2、3、4分，每出现一个不同的动作，按照动作难度等级分累加，上不封顶。

六个花样难度类别分别为：基本花样、交叉花样、多摇花样、体操花样、放绳花样、互动配合花样（2人）。一套动作中必须包含这六种花样难度类别及速度转变和绳向转变，每缺少一种类别将扣除2分。

②创意编排（50分）：创意编排评分由音乐运用（20分）、场地运用（10分）、花样编排（20分）三个部分组成。

a. 音乐运用（20分）

动作要和音乐的节奏、强弱相适应，跳绳的风格、类型和运动员的临场表演都要和音乐的风格、特点、结构相结合，提高音效效果。裁判在优秀、良好、中等、一般、较差这五个等级的得分范围内打出相应的分数，所打的分数必须是整数。评分标准如下：

优秀【17～20分】；良好【13～16分】；中等【9～12分】；一般【5～8分】；较差【0～4分】。

b. 场地运用（10分）

在花样演练中，选手们大多数时候都是在走动的，而他们的运动路线往往遍布赛场。裁判员在优秀、良好、中等、一般、较差五个等级的分数区间内打出相应的分数，所打的分数必须是整数。评分标准如下。

【9～10分】：优秀

运动员的移动轨迹能够覆盖整个比赛场地及在花样演练中大部分时间在移动。

【7～8分】良好

运动员的移动轨迹能够覆盖整个比赛场地。

【5～6分】中等

运动员的移动轨迹最少覆盖半个比赛场地。

【3～4分】一般

运动员最少移动了两次。

【0～2分】较差

运动员没有移动。

c. 创意编排（20分）

整套动作编排要与众不同且令人印象深刻，过渡、连接新颖独特，展示出高水准的创造性，鼓励一切创新。裁判员在优秀、良好、中等、一般、较差五个等级的分数区间内打出相应的分数，所打的分数必须是整数。评分标准如下：

优秀【17～20分】；良好【13～16分】；中等【9～12分】；一般【5～8分】；较差【0～4分】。

③完成质量（满分50分）：完成质量由绳子弧度（15分）、身体姿态（15分）和表现力（20分）三个部分组成。

a. 绳子弧度（15分）

在完成花样技巧动作时，绳子能始终保持完美的弧度，运行轨迹清晰、正确、饱满。裁判员在优秀、良好、中等、一般、较差五个等级的分数区间内给出相应的分数，所给分数应是整数。评分标准如下：

优秀【13～15分】；良好【10～12分】；中等【7～9分】；一般【4～6分】；较差【0～3分】。

b. 身体姿态(15分)

在完成动作的过程中，动作清楚、到位；方法正确、规范；姿势优美、大方，且能时刻保持身体重心的平衡。裁判员在优秀、良好、中等、一般、较差五个等级的分数区间内给出相应的分数，所给分数都是整数。评分标准如下：

优秀【13～15分】；良好【10～12分】；中等【7～9分】；一般【4～6分】；较差【0～3分】。

c. 表现力(20分)

比赛中精神饱满，动作自然大方、连贯流畅、轻松自如。能够通过自己的活力、热情、高超的技能来吸引观众；能够与裁判或观众进行良好的动作和眼神上的沟通(动作及目光)，能够持续感染观众，具有强烈的自信心和表现力。裁判员在优秀、良好、中等、一般、较差五个等级的分数区间内打出相应的分数，所打的分数必须是整数。评分标准如下：

优秀【17～20分】；良好【13～16分】；中等【9～12分】；一般【5～8分】；较差【0～4分】。

(5)计分方法：

①应得分：动作难度裁判、创意编排裁判、完成质量裁判的最后得分总和为应得分。

②最后得分：应得分减去主裁判与失误裁判判罚的犯规应扣分数，为运动员的最后得分。

③名次确定：比赛成绩按最后得分确定，最后得分高者名次列前；如最后得分相等，则以动作难度分、创意编排分、完成质量分的评分顺序，分数高的名次在先。如仍相等，则名次并列。

3. 车轮跳花样

车轮跳花样一般是指两人或两人以上各持一根跳绳，内侧绳结绳交叉，相邻绳子依次相隔半周交替旋转打地，互相配合，轮流完成各种摇跳绳技巧与变化的跳绳技术。

(1)目标：在45～75秒时间内遵循跳绳运动的基本规律，合理运用身体姿势的变化，人与跳绳配合默契，通过想象、联想和创新将多种个人绳技术动作组合在一起，搭配上恰当的音乐，全面展示车轮跳项目的技巧性和艺术性。

(2)口令："裁判员准备—运动员准备—预备—开始"，中间没有时间提示，在"75秒"比赛结点会宣告"时间到"。

(3)技术要求：

①每人只配置一根跳绳，不能增加其他器材或特殊装备。

②在整套动作中，相邻的人必须各握对方一个手柄完成各种车轮跳摇跳绳动作才予评分。

③运动员在指定的场地内比赛。

④轻微失误每次扣除2分，严重失误每次扣除5分。

⑤在一套花样中，重复花样只评一次分。相同的花样以同面正向摇绳、同面反向摇绳或

异面摇绳做出将被认为是不同的动作，将会再次被评分，难度级别相同。

（4）评分元素：两人车轮跳比赛评分因素由动作难度、创意编排和完成质量三个部分组成。

①动作难度：所有车轮跳花样分为一至四级共四个不同的难度等级，对应分值由低到高分别为1、2、3、4分，每出现一个不同的动作，按照动作难度等级分累加，上不封顶。

按照动作难度，车轮跳动作组成可以分为：基本花样、双摇花样、交叉花样、转体花样、换位花样、其他花样六类基本动作，并规定基本花样为一级难度动作；任意两类动作的叠加，在单个最高难度动作等级上加一个等级，最高叠加到四级。一套动作中尽可能包含上述这六类花样动作，每缺少一种类别将扣除2分。

②创意编排（满分50分），评分办法同个人花样。

③完成质量（满分50分），评分办法同个人花样。

（5）计分方法：同个人绳花样。

4. 交互绳花样

（1）目标：在45～75秒时间内按照跳绳运动的基本规律，合理运用身体姿势的变化，人与跳绳配合默契，通过想象、联想和创新将多种个人绳技术动作组合在一起，搭配上恰当的音乐，全面展示交互绳项目的技巧性和艺术性。

（2）口令："裁判员准备—运动员准备—预备—开始"，中间没有时间提示，在"75秒"比赛结点会宣告"时间到"。

（3）技术要求：

①只限一副交互绳，不能添加其他器材或特殊装备。

②每位参赛者至少摇、跳三个不同的花样，如果未达到要求，每缺少一个花样将扣5分。

③两绳交替着地的动作给予评分，两绳同时着地的动作不予评分。

④如摇绳者花样不同，跳绳者重复的花样可再次评分；如跳绳者花样不同，摇绳者重复的花样可再次评分。

⑤运动员在指定的场地内比赛为有效动作。

⑥轻微失误每次扣除2分，严重失误每次扣除5分。

（4）评分元素：三人交互绳花样赛评分因素由动作难度、创意编排和完成质量三个部分组成。

①动作难度：所有交互绳花样分为一至四级共四个不同的难度等级，对应分值由低到高分别为1、2、3、4分，每出现一个不同的动作，按照动作难度等级分累加，上不封顶。

交互绳花样分为跳绳者花样和摇绳者花样两大类，跳绳者花样由步法花样、体操花样、连接难度组成；摇绳者花样由多摇跳、特别手部动作、放绳和车轮式摇绳花样组成。交互绳花样的难度是跳绳者与摇绳者花样难度的总和。

②创意编排（满分50分），评分办法同个人花样。

③完成质量（满分50分），评分办法同个人花样。

（5）计分方法：同个人绳花样。

（三）表演赛评分办法

1. 目标

在4～8分钟的时间内，5～20名运动员通过各种各样的表现形式，丰富多彩的表现内容，精湛的技术展现，默契的团队配合，全面展示跳绳运动的多样性、观赏性、创意性和娱乐性。

2. 口令

“裁判员准备—运动员准备—预备—开始”，中间没有时间提示，在“8分钟”比赛结点会宣告“时间到”。

3. 技术要求

（1）长绳长度必须大于或等于7米。

（2）轻微失误每次扣除2分，严重失误每次扣除5分。

4. 评分元素

表演赛评分元素由动作难度、创意编排和娱乐表演三个部分组成。裁判员在各评分元素最高分以内打出相应的分数，所打的分数必须是整数。

（1）动作难度分（30分）

难度水平：最高分10分。

跳绳种类：最高分10分。

跳绳元素：最高分10分。

（2）创意编排分（30分）

动作编排：最高分10分。

动作创意：最高分10分。

队形变化：最高分10分。

（3）娱乐表演分（40分）

娱乐价值：最高分10分。

动作质量：最高分10分。

音乐运用：最高分10分。

观众互动：最高分10分。

5. 计分方法

最终得分为动作难度分、创意编排分和娱乐表演分的总和减去失误扣除的分数。

第三章　花样跳绳的基本技术

第一节　速度技术

一、速度跳

（一）动作方法

以基础的跳绳为基础，两腿交替抬起，落地。按理说，踏步跳是所有单摇式跳绳中最快的一种，所以在国际跳绳比赛中，规定30秒速度单摇跳、3分钟耐力单摇跳等单摇跳速度比赛中必须使用踏步跳。

（二）动作要领

以保持胳膊和上半身的基本跳绳动作为基础，重心放在两腿中间，一般稍低并保持平稳；双腿直起直落，不应有任何额外的动作，如后踢或前伸。

（三）重点与难点

双腿直立，不做任何多余的动作；胳膊和上半身都要保持基本的跳绳姿态。

（四）易犯错误及纠正方法

（1）后踢腿：身体易向前倾，小腿折腿后踢，大腿后部肌群发力。

（2）“扒地”：腿部动作幅度大于标准幅度，仿佛蹬自行车一样，小腿折叠大腿后前伸，落地时有“扒地”动作。

纠正方法：首先，在不拿跳绳的前提下做高抬腿动作，感受腿部的发力点，尽量利用髂腰肌和大腿前肌发力；其次，稍微把抬腿的高度降低，步频加快进行练习；腿部动作固定后，才能拿着跳绳进行练习。

（五）教法提示

模拟跳：绳外高抬腿—绳外踏步跳—拿绳练习。

（六）自我评价

表3-1　30秒单摇速度跳绳评价表

标准	合格	一般	良好	优秀
次数	60	80	90	100

二、两弹一跳

（一）动作方法

人在地上弹动两次，但绳子过脚一次。

(二)动作要领

两脚以相同节奏跳跃两次,绳子只过脚一次。起绳后第一次跳跃绳子需过脚,双手控制绳子的速度,第二次弹动时,绳子要在头顶上空。

(三)重点与难点

两弹一跳是速度较慢的一种跳法,双脚同步跳跃,有弹回动作。初学者可以在心里数着"1、2……1、2"的节拍,跳起的高度要使绳子能从脚底通过,弹回的动作就不必太费力。"1、2……1、2"对应着一重一轻……一重一轻。用力跳的时候,绳子就从脚下通过,轻跳的时候,绳子正好在头顶上。只要遵循这个规律和节奏,多练习几次就能驾轻就熟了。

(四)教法提示

(1)不用绳子,数着节拍原地练习,边跳边想着哪个拍子必须过绳子。

(2)双手摇绳速度会随着脚步动作而不能真正将速度降低一半,慢慢地就变成一弹一跳的节奏。这时可以数着拍子练习。每数1、3、5、7时绳子才能过脚,但是脚步动作是每拍一动,按照一个8拍进行练习。

(3)数着节拍连续练习,能连续跳跃四个8拍不失误就基本掌握了技术动作。

(五)自我评价

表3-2　30秒两弹一跳评价表

标准	合格	一般	良好	优秀
次数	30	40	45	50

三、双直摇

(一)动作名称

双直摇又被称为"双摇""双飞""直双摇",英文名为Double Under。

(二)动作方法

以前摇为例:双手分别握住绳子的两个绳柄,绳放在身后,跳绳摇起之后,当绳子经过头顶上空,绳子正从前往后摇动时跳起一次,绳跃过头顶通过脚下两次,等于绳子绕身体两周(720°),两周都为直摇。

(三)动作要领

(1)脚:双脚前后站立,保持身体的平衡;前足在落地后,会自然而然地弹起来。

(2)腿部:膝关节轻微弯曲,在身体接触地面时,起到缓冲作用,从而保护脚部和大脑。

(3)上体:上半身放松,使之笔直而不僵硬。

(4)手臂:双臂并拢,将肘部与两侧肋骨连接,双臂自然下垂,掌心或手掌朝下,手腕用力。

(5)呼吸:均匀自然,有节奏。

(6)双眼直视前方5米处。

(四)重点与难点

双直摇需要很大的力气,特别是前臂和手腕。跳绳的动作要快速,不能有太大的幅度,特别是要控制好起跳和摇绳的节奏。

（五）自我评价

时间没有限制，连续做双摇跳，直至失败，看看能跳多少次。将自己一次连续双摇跳的次数填入评价表中（如表 3-3 和 3-4 所示）。

表 3-3　连续双摇跳评价表（无失误）

标准	努力	加油	不错	好	很好	棒
次数	6	15	30	50	80	100

表 3-4　30 秒双摇跳绳评价表

标准	合格	一般	良好	优秀
次数	30	45	60	75

四、交叉双摇跳

（一）动作方法

以前摇为例：双手分别握住绳子的两端绳柄，把绳放于身后，摇起跳绳之后，当跳绳经过头顶，绳子正从前往后摇动时，跳起一次，绳子过脚两周，第一周交叉过脚，第二周也交叉过脚。交叉双摇跳是在双摇跳的基础上有所变化，由两个动作组成，要求跳绳者动作速度变化更加快。

（二）动作要领

（1）一起跳就要加快手臂动作，第一周直摇跳绳经过头部上空时开始交花，后面保持手腕挽花动作。

（2）起跳后，可尝试尽力提膝收腿。

（3）手腕交叉的幅度不要过大，交叉的宽度只要稍微超出髋关节，能顺利过绳即可。

五、开合交叉双摇跳

（一）动作方法

以前摇为例：双手分别握住跳绳的两端绳柄，绳放在身后，起绳后，当绳子摇过头顶，绳子正从前往后摇动时，跳起一次，绳子过脚两周，第一周直摇过脚，第二周前交叉过脚。

（二）动作要领

（1）一起跳就要加快手臂动作，第一周直摇过后尽量加速，为后面挽花节省时间。

（2）起跳后可尝试尽力提膝收腿，手部要求保持挽花动作。

（3）手腕交叉的幅度不要过大，交叉的宽度稍微超出髋关节，能顺利过绳即可。

（三）重点与难点

起跳加速，手臂动作与脚起跳的节奏相一致；两手臂张开幅度容易过大。

（四）易犯错误及纠正方法

（1）起跳后手臂动作太慢。纠正方法：起跳后加速摇绳，两手腕相互贴紧，内侧手臂贴紧身体。

(2)第二周挽花时容易绊脚。纠正方法:做挽花动作时,手腕主动向下、向里画弧;手腕交叉后往下旋转手腕。

第二节 个人花样技术

随着花样跳绳的不断发展与推广,经过多年的实践与研究,花样跳绳运动的许多爱好者和研究者们逐渐形成了一套完整、系统的花样跳绳技术体系,其中,基本技术是整个花样跳绳技术的基础,是花样跳绳技术架构的基础。

定期训练基本技术,可以提高各关节和韧带的灵活性和柔韧性水平,提高肌肉的弹性和对肌肉的控制能力,使全身各部位得到更全面的训练,从而快速发展花样跳绳运动的特殊体能,为提高花样跳绳技术水平打下了良好的基础。

个人花样是指遵循花样跳绳运动的基本规则,使用个人跳绳,科学合理地运用身体姿势的变化或人与跳绳之间的默契配合,以及多种跳绳技巧,全面展示个人绳索项目的技巧和艺术性。

个人绳一般包括花样绳和速度绳两种类型,其长度适合个人练习。花样绳适合跳跃各种花样,通常稍长,一只脚放在绳的中心,绳柄达到的两个腋下为标准长度。速度绳以速度跳跃为主,通常略短,头和脚都能顺利过绳。绳子的长度根据跳绳者和所跳动作的不同而有区别,技术水平较高的人可以使用稍短的绳子。个人绳技巧包括个人花样、朋友跳、车轮跳等。

一、基本花样

个人花样中的基本花样指双手打开于腰间位置的所有两弹单摇跳或单摇跳花样,包括脚不过绳的缠绕花样(绕手或身体其他部分)。其中,后摇绳花样跟前摇绳花样动作方法相同,方向相反(以前摇绳为例)。单摇跳步法花样指在跳起一次、绳子过脚一次的单摇跳绳中结合步法变换而组合成的各种花样动作。

第一,预备动作。

并脚站立,两膝关节并拢,两脚踝稍错开;两手握绳柄,将绳置于身后,绳的中央位于脚踝处;两上臂贴紧身体两侧,前臂自然弯曲,前臂与上臂约呈120°夹角。

第二,基本摇绳方法。

双手各握住绳子的一端,双臂自然弯曲,以肘关节为轴,用两前臂和手腕协调用力,由后向前摇动绳子。当动作熟练时,可以仅靠手腕发力。

第三,基本握绳方法。

有绳柄的握法:用大拇指和食指捏住绳子的尾端,其他三根手指并拢后紧握绳子,有正握和反握两种方式,正握比较常用,反握一般不常用,在交互绳速度跳的摇绳中可以使用反握。

绕手握法:这种握法适合于没有绳柄的绳子,将绳子的两端分别缠绕在手中,并用大拇指和食指捏住绳子。这种握绳方法的优点在于方便随时调节绳子的长度，其不足之处在于长时间用绕手握法进行练习，容易对手指和手掌造成伤害。

第四，基本跳跃方法。

双脚跳起落地时，一定要用前脚掌着地，压地后自然弹起。切勿用脚后跟着地，避免力量直接传至大脑。

（一）并步跳

1. 动作名称

并步跳又被称为“单摇”“单飞”“单直摇”，英文名为 Basic Jump，Two-foot Jump，Single Bounce。

2. 动作方法

两只手各抓着绳子的两根绳柄，将绳子放在背后，然后从后面摇晃绳子，在绳子到达脚下的一刹那，双腿跃过绳子。初学者可以练习两次弹跳，即并脚跳跃两次，绳子过脚一次，熟练后，可以进行一弹一跳，即并脚跳跃一次，绳子过脚两次。

3. 动作要领

（1）脚：并脚站立，两脚前后稍错开，易于掌握平衡；前脚掌压地后自然弹起。

（2）腿部：膝关节微屈，缓冲落地后的反冲力，保护脚踝和大脑，同时尽量避免前踢腿或后撩腿动作。

（3）上体：上体自然放松，挺直但不僵硬。

（4）手臂：两大臂夹紧，肘关节贴在两侧肋部，两小臂自然下垂至两髋处，手心相对或向下，摇绳时用手腕协同前臂发力。

（5）呼吸：均匀自然，有节奏。

（6）两眼直视前方约 5 米处。

4. 重点与难点

双手摇绳的节奏要与脚起跳的节奏相一致；两手臂张开幅度不宜过大。

5. 易犯错误及纠正方法

（1）前踢腿：跳起后，双腿无意识地向前踢出，在落地的时候，后脚跟会先着地，这会让身体在落地的时候，受到的冲击会传到大脑，长期的弹跳会对脚踝和脑部造成伤害。

纠正方法：上半身站立，起跳时脚踝关节用力，跳跃时双腿伸直，但不能撅臀，落地时，前脚掌着地，膝盖微曲，以减轻压力。

（2）后踢腿：跳起后，身体向后倒去，两腿不自觉地向后踢。

纠正方法：同前踢腿。

（3）伸展臂过度：在弹跳时，双臂伸展，前后摆动的幅度太大。

纠正方法：加强摇绳运动，将手肘紧贴在两侧的肋骨上，用一片纸片夹在腋下进行训练，并保证在跳跃过程中不会掉下来。

6. 教法提示

（1）模仿跳：在不需要跳绳的情况下，模仿整个动作的全过程。

(2)跳空绳：双手各持一条短绳，由后向前摇动绳子，在绳索落地的一刹那，自动弹起。

(3)单个动作练习：一次仅进行一次跳跃，停止，然后重新进行。

(4)连续动作练习：初学者可以进行一系列的连续跳，10～20 次，间歇地进行。

(二)扭动跳

1. 动作名称

扭动跳又被称为“转动跳”“摆动跳”，英文名为 Twister。

2. 动作方法

在基本摇绳姿势的基础上，摇绳过脚后髋关节在空中向右转动 45°，上身保持垂直，下次摇绳过脚后髋关节在空中向左转动 45°回到原位，同理可向左侧转动，熟练后可左右连贯练习。

3. 动作要领

(1)胳膊维持基本的摆动姿态，上身维持在原来的垂直面上，臀部自然转动。

(2)扭动角度精确到位，上半身及髋关节放松，不要用力过猛而导致动作僵硬。

4. 重点和难点

掌握旋转的角度，臀部自然放松，控制跳跃的节拍，保持运动的稳定。

5. 易犯错误及纠正方法

扭动僵硬不自然，转动角度不够。

纠正方法：选择左侧和右侧 45°的标记，髋关节和膝关节放松，使腰部的力量尽可能地集中。

6. 教法提示

(1)模仿跳：原地不用跳绳，只需模仿整个动作过程。

(2)对着镜子练习。

(三)铃跳

1. 动作名称

铃跳又被称为“前后跳”，英文名为 Bell，Front-Back。

2. 动作方法

基于基本摇绳的姿势，摇绳过脚后两脚在空中向正前方并脚落地为前，反之为后，前后连续交替跳动即为前后跳；前后跳连贯时就像摆动的铃铛，所以叫作“铃跳”。

3. 动作要领

(1)手臂维持基本的摇绳姿态，上半身维持在原来的垂直面上，双腿来回跳跃。

(2)从开始位置到落地位置的前后落点大约一脚的距离。

4. 重点和难点

掌握两腿前、后跳的姿势；控制起跳节奏，使运动保持平稳。

5. 易犯错误及纠正方法

在向前或向后跳跃时，身体与步伐的运动幅度过大，使动作的稳定性遭到破坏。

纠正方法:在地上画间距20厘米的两根线,脚跟和脚尖交替在两条直线上前后跳跃,同时控制自己身体摆动幅度。

6. 教法提示

(1)模仿跳:原地徒手模仿整个动作过程。

(2)跳空绳:双手各持一条短绳,由后向前摇动绳子,脚步做前后跳动作。

(3)单个动作练习:一次仅进行一次跳跃,停止,然后重新进行。

(4)连续动作练习:初学者可以进行一系列的连续跳,10～20次为一组,间歇地进行。

(四)滑雪跳

1. 动作名称

滑雪跳又被称为"左右跳",英文名为Skier,Slalom,Side-to-Side。

2. 动作方法

根据基本的摇绳姿势,在摇绳之后,两只脚在半空中向左移动,然后双腿在半空中向左移动,如果是向右移动,则称为右跳。在连续的跳跃中,左、右跳的动作类似于滑雪,因此被称为"滑雪跳"。

3. 动作要领

(1)手臂维持基本的摇绳姿态,上半身维持在原来的垂直面上,双腿来回跳跃。

(2)从开始位置到落地位置的前后落点大约一脚的距离。

4. 重点和难点

掌握两腿前、后跳的姿势,控制起跳节奏,使运动保持平稳。

5. 易犯错误及纠正方法

在向前或向后跳跃时,身体与步伐的运动幅度过大,使动作的稳定性遭到破坏。

纠正方法:在地上画间距20厘米的两根线,两脚交替在两线左右跳跃,同时控制自己身体摆动幅度。

6. 教法提示

(1)模仿跳:原地徒手模仿整个动作过程。

(2)跳空绳:两手各握一根短绳,由后向前摇动绳子,脚步做左右跳动作。

(3)单个动作练习:一次仅进行一次跳跃,然后停止,然后重新进行。

(4)连续动作练习:初学者可以连续跳跃,10～20次为一组,间歇练习。

(五)钟摆跳

1. 动作名称

钟摆跳英文名为Wallow,Leg Swing,Pendulum。

2. 动作方法

这个动作类似于滑雪跳,摇绳过脚后,右脚停留在腹部正前方位置,不接触身体,左脚向左侧摆动,紧接着跳跃过绳,左脚摆动回身体中间落地,右脚向右侧摆动,两腿交替摆动,犹如钟表摆动。

(六)开合跳

1. 动作名称

开合跳英文名为 Straddle。

2. 动作方法

在基本摇绳姿势的基础上,绳子过脚的同时,两脚在空中左右分开落地为开,反之为合,开合连续交替跳动即为开合跳。

3. 动作要领

(1)保持基本的摆动姿势,并对步法的节拍进行控制。

(2)脚步左右打开时与肩同宽,合并时两脚并拢。

(3)由合到开时绳子先过脚后打开,由开到合时先合并两脚再过绳。

4. 重点和难点

把握开合跳的节奏,找准开合跳过绳的时机。

5. 易犯错误及纠正方法

脚步开合动作与过绳的时机把握不准,控制不住绳子的节奏,把握不住开与合的时间差。

纠正方法:由合到开时绳子先过脚再打开,由开到合时先合并两脚再过绳。

6. 教法提示

(1)模仿跳:原地徒手模仿整个动作过程。

(2)跳空绳:两手各握一根短绳,由后向前摇动绳子,脚步做开合跳动作。

(3)单个动作练习:每次只跳一个动作就停下来,再重新开始。

(4)连续动作练习:初学者可以连续跳跃,10～20 次为一组,间歇练习。

(七)开合交叉步跳

1. 动作名称

开合交叉步跳英文名为 Foot Cross。

2. 动作方法

从起跳开始,预备完毕后,在开合跳中先“开”,然后再跳,左腿在前面,右腿在后面,两腿交叉;接着重复上述动作,首先是“开”,然后是交叉,两腿的前后位置交换,轮流进行。其他的要求与起跳动作相协调。

(八)剪刀跳

1. 动作名称

剪刀跳又被称为“弓步跳”,英文名为 Scissor,Forward Straddle。

2. 动作方法

以基础的摇绳姿态为基础,在摇绳之后,双腿在半空中分开,落地后呈弓形,第二次起跳时双腿并拢,也可连续左右弓步交替。

3. 动作要领

(1)胳膊保持基本的摆动姿势,上身保持直立。

(2)双腿在落地时分开,形成一种前移和后退的姿势,间隔大约两脚半。

(3)在变换姿势的过程中,双脚跳起在空中合拢,落地时再成弓步动作分开。

4. 重点和难点

把握弓步跳两脚前后落地位置,控制跳跃的节奏,保持动作稳定性。

5. 易犯错误及纠正方法

弓步跳跃时,身体的摇摆幅度过大,不利于动作的稳定性。

纠正方法:在地上画间距 50 厘米的两根线,两脚跳跃落地时分别在线前后,同时控制好自己身体。

6. 教法提示

(1)模仿跳:原地徒手模仿整个动作过程。

(2)跳空绳:两手各握一根短绳,由后向前摇动绳子,脚步做弓步跳动作。

(3)单个动作练习:每次只跳一个动作就停下来,再重新开始。

(4)连续动作练习:初学者可以连续跳跃,10～20 次为一组,间歇练习。

(九)走路

1. 动作方法

走路是在连续的剪刀式跳跃动作的基础上发展起来的,在基本的绳索摇摆姿势的基础上,双腿依次向前或向后跨过绳索,向前和向上迈步的脚应该首先用脚跟着地,然后过渡到前脚掌脚。

2. 动作要领

(1)前脚脚后跟着地,后脚前脚掌发力。

(2)重心稳定,上下起伏幅度要小。

3. 重点和难点

把握绳过脚瞬间时的身体重心,保持连贯流畅,重心无起伏。

4. 易犯错误及纠正方法

身体摆动幅度过大,破坏了动作的稳定性。

纠正方法:练习时注意脚跟与脚掌重心转换,多练习连续弓步跳。

(十)单脚跳

1. 动作名称

单脚跳英文名为 One-foot Jump,One-foot Bounce。

2. 动作方法

一只脚跳,另外一条腿提膝,上体与大腿、大腿与小腿均约呈 90°,在基本摇绳姿势的前提下,绳子过脚一周,可每只脚分别连跳 2 次或 4 次,交替练习。

3. 动作要领

跳起后保持重心稳定,上体正直,支撑腿跳起后伸直。

4. 重点与难点

上体保持正直,重心稳定,摇绳与起跳节奏一致。

5. 易犯错误及纠正方法

(1)上身倾斜,重心不稳定:在弹跳后,身体姿态和重心不能完全掌握。

(2)节拍变化:单腿支撑不能掌握节拍,肢体运动不协调。

纠正方法:跳起后,腰部协调,两只手在同一水平线上摆动,肩膀与身体平行,眼睛直视前方。

6. 教法提示

模拟跳:原地徒手模仿单脚跳。

(十一)速度跳

1. 动作名称

速度跳俗称"双脚轮换跳""单车跳""踏步跳",英文名为 Speed Step,Alternating-Step。

2. 动作方法

在基本摇绳姿势的基础上,两脚做依次交替抬起、落地的踏步动作,理论上,踏步跳是单摇跳绳中速度最快的一种跳法,因此世界跳绳比赛规则中规定30秒速度单摇跳、3分钟耐力单摇跳等单摇跳速度比赛中必须使用踏步跳。

3. 动作要领

在手臂和上体保持基本跳绳动作的前提下,身体重心在两脚之间,保持稳定,一般稍低,腿部直起直落,不可有后踢或前伸等多余动作。

4. 重点与难点

腿部动作直抬直落,无多余动作,手臂和上体保持基本跳绳姿势。

5. 易犯错误及纠正方法

(1)后踢腿:身体易前倾,小腿折腿后踢,大腿后部肌群发力。

(2)"扒地":腿部动作幅度过大,像蹬自行车一样,小腿折叠大腿后前伸,落地时有"扒地"动作。

纠正方法:首先不拿绳,做高抬腿动作,体会腿部发力点,尽量用髋腰肌和大腿前部肌群发力,然后适当降低抬腿高度,增加踏步频率练习,待腿部动作固定后,可拿绳练习。

6. 教法提示

模拟跳:绳外高抬腿—绳外踏步跳—拿绳练习。

(十二)脚跟跳

1. 动作方法

脚跟跳英文名为 Heel to Heel,在基本摇绳姿势的前提下,摇绳过脚后,一脚直接落地,另一脚向前伸出,脚跟着地,再次跳跃过绳后,两脚并拢,两脚交替进行练习。

2. 动作要领

(1)手臂保持基本摇绳姿势,上体保持直立。

(2)前脚伸出后,勾紧脚尖,让脚跟轻点地面,重心在支撑脚。

3. 重点和难点

跳起后脚跟落地瞬间对重心的把握,控制跳跃的节奏,保持动作稳定性。

4. 易犯错误及纠正方法

落地时重心前移,伸出脚脚跟着地太重。

纠正方法:把身体重心控制在支撑腿上,伸出脚脚跟虚点地,脚尖需勾起。

5. 教法提示

(1)模仿跳:在不需要跳绳的情况下,模仿整个动作的全过程。

(2)跳空绳:双手各持一条短绳,由后向前摇动绳子,在绳索落地的一刹那,自动弹起。

(3)单个动作练习:一次仅进行一次跳跃,然后停止,再重新进行。

(4)连续动作练习:初学者可以进行一系列的连续跳,10～20 次,间歇练习。

(十三)脚尖跳

1. 动作方法

脚尖跳英文名为 Toe to Toe,基于基本摇绳的姿势,摇绳过脚后一脚直接落地,另一脚向后点,脚尖着地,再次跳跃过绳后,双脚合并靠拢,双脚交替进行。

2. 动作要领

(1)胳膊保持基本的摆动姿势,上身保持竖直。

(2)当后腿伸展时,脚掌要绷直,脚趾轻触地面,重心放在支撑脚上。

3. 重点和难点

在起跳后,脚尖着地的刹那掌握了身体的重心;要掌握起跳的节拍,保证运动的稳定。

4. 易犯错误及纠正方法

落地时重心后移,伸出脚脚尖着地太重。

纠正方法:把身体重心控制在支撑腿上,伸出腿脚尖虚点地,脚面需绷紧。

5. 教法提示

(1)模仿跳:在不需要跳绳的情况下,模仿整个动作的全过程。

(2)跳空绳:双手各持一条短绳,由后向前摇动绳子,在绳索落地的一刹那,自动弹起。

(3)单个动作练习:一次仅进行一次跳跃,然后停止,再重新进行。

(4)连续动作练习:初学者可以进行一系列的连续跳,10～20 次,间歇地进行。

(十四)提膝跳

1. 动作方法

提膝跳英文名为 Alternating Knee Ups,基于基本的摇绳姿势,摇绳过脚同时一腿做提膝动作,支撑腿跳起后伸直,再次跳跃过绳后,双脚并步落地,两脚交替进行练习。

2. 动作要领

(1)胳膊保持基本的摆动姿势，上身保持竖直。

(2)抬腿时，脚表面要绷紧，重心要放在支撑腿部。

(3)将大腿抬高，上身和大腿、大腿和小腿保持 90°左右。

3. 重点和难点

在起跳后抬膝的一刹那，要掌握好身体的重心；膝盖的抬高幅度要适当；控制起跳的节拍，保证运动的稳定性。

4. 易犯错误及纠正方法

(1)上身倾斜，重心不稳定：在弹跳后，身体姿态和重心不能完全掌握。

(2)节拍变化：单腿支撑不能掌握节拍，肢体运动不协调。

纠正方法：在起跳后，腰部力量协调，两只手在相同的水平线上摆动绳子，保持肩膀的水平，眼睛直视前方。

5. 教法提示

(1)模仿跳：在不需要跳绳的情况下，模仿整个动作的全过程。

(2)跳空绳：双手各持一条短绳，由后向前摇动绳子，在绳索落地的一刹那，自动弹起。

(3)单个动作练习：一次仅进行一次跳跃，然后停止，再重新进行。

(4)连续动作练习：初学者可以进行一系列的连续跳，10～20 次，间歇地进行。

二、交叉花样

(一)体前开合交叉跳

1. 动作名称

体前开合交叉跳又被称为“间隔交叉单摇”“直摇挽花跳”“活花”，英文名为 Criss Cross，Switch Cross。

2. 动作方法

双手各持一根绳子，将绳子置于身后，由后向前摇动绳子，当绳子摆动到头部前方时，双手交叉于腹部，双脚或单脚跳过绳子，绳子通过脚下后立刻将绳子打开。

3. 动作要领

(1)两个“贴”：两小臂体前交叉，两手腕交叉贴紧，相互依托；两手腕贴紧下腹部。

(2)不要抬高手臂或往前伸。

(3)交叉时切忌直接交叉，手腕主动向下向里画弧，然后再向上向外画弧分开。

(4)抓住手柄外端。

4. 重点和难点

交叉时两手臂往上提，绳不能过脚。

5. 易犯错误及纠正方法

(1)两手腕交叉时远离身体。

纠正方法：做到两个“贴”，“手腕贴手腕，手腕贴腹部”。

（2）两手腕直接交叉，没有主动向下向里画弧。

纠正方法：手腕交叉后先往下旋手腕。

6. 教法提示

（1）模拟练习：在两腕交叉后，连续地进行模拟的摇绳运动，锻炼了腕部的交叉操纵性。

（2）直摇一次，一次十字操，体验在交叉时内下画的弧线。

（3）交叉式固定训练，感受双腕互相支撑，并在同一时间用力。

（二）体前固定交叉跳

1. 动作名称

体前固定交叉跳又被称为“单凤花”，英文名为 Cross。

2. 动作方法

两手握住绳子两端绳柄，绳置于身后，由前向后摇动绳子，当绳子摇至头前上方时，两手交叉于腹前，双脚或单脚跳过绳子，手部交叉姿势不变，连续固定交叉练习。

（三）体前交替交叉跳

1. 动作名称

体前交替交叉跳又被称为“单摇龙花”“上下翻花”，英文名为 Double Cross。

2. 动作方法

以右手先交叉在上为例：两手握住绳子两端绳柄，绳置于身后，由后向前摇动绳子，当绳子摇至头前上方时，两手臂交叉于腹前（右手在上），继续向前摇绳一周，当绳子再次摇过头顶后，两手臂上下互换（左手在上）交叉，继续向前摇绳过脚，即为完成一个完整动作。

3. 动作要领

交替交叉跳比固定交叉及开合交叉跳要困难得多，是由于两个交叉之间的转换和固定交叉的不同，手臂动作要“小”而“活”，否则很容易出错。“小”是指两条胳膊的交叉幅度很小，在交叉的时候，两条胳膊紧贴着肋部，两只手腕微微上抬，方便上下移动。“活”是指上下转换时灵活，两手臂要弧形画圆旋转，动作才会轻松连贯。

4. 难点

第一次交叉与第二次交叉转换。

5. 易犯错误及纠正方法

（1）当两只手交叉时，距离太远，交叉的幅度太大。

纠正方法：手臂紧贴，腕部紧贴，略微向上提起。

（2）双腕直接交握，不能主动地向内画出弧线。

纠正方法：手腕在交叉之后，首先向下旋手腕。

6. 教法提示

模拟练习：在两只手腕交叉后，连续进行模拟的摇绳动作，进行腕部交叉转换，练习手腕灵活性及控绳能力。

（四）体后交叉跳

1. 动作名称

体后交叉跳又被称为“背手跳”“背花”，英文名为 TS Cross。

2. 动作方法

两只手各抓着跳绳的一端，将绳子置于身后，然后由后向前摇动绳子，当绳子越过地面时，双手交叉，当绳子落到地面时，用双脚或者一只脚跳过绳子。可以进行开合交叉间隔练习，也可以进行身体后固定的交叉训练。

3. 动作要领

(1)两个“贴”：小臂背后交叉，手腕交叉贴紧，相互依托；两手腕贴紧背部。

(2)上体保持直立。

(3)两手腕尽量向外伸。

(4)抓住手柄外端。

4. 难点

手在体后交叉摇绳同在体前交叉摇绳一样顺畅。

5. 易犯错误及纠正方法

如果两只手腕的拉伸程度不够，就无法顺利地通过绳子。

纠正方法：尽可能伸展胳膊，超出肩部和髓部的宽度，日常生活中要适当地伸展肩膀的柔韧性。

6. 教法提示

(1)仿真训练：在两腕交叉后，连续地进行模拟的摇绳运动，锻炼了腕部的交叉操纵性。

(2)一次直线摇摆，一次身体后交叉练习，感受拉花时尽量往外伸展。

(3)在身体后的连续交叉训练中，感受到两只手的支撑，并在同一时间内用力。

（五）敬礼跳

1. 动作名称

敬礼跳又被称为“单侧凤花”，英文名为 EB Cross。

2. 动作方法

手(右手)向内旋转 90°，背部向后，绳子的手柄向右；左手放在肚子前面，绳子的手柄向左边(右边)；双手同时放在腹部和背部，同时将绳子向前摆动，用双腿或一只脚在绳子上跳跃，可以进行连续的跳跃。

3. 动作要领

(1)背于身体后面的手臂要与体前手臂同时摇绳。

(2)双臂要分开，宽度要大于臀部，确保过绳顺畅。

(3)身体顺势旋转大约 30°。

4. 易犯错误及纠正方法

(1)背于身后手臂不会摇绳。

纠正方法：在原地做模拟训练，双手背在背后，不用跳绳来做摇摆运动。

(2)目不转睛地看着自己的双腿,身体向前倾的角度太大。

纠正方法:保持身体姿势,上身挺直,顺时针方向转动 30°左右,眼睛直视前方。

5. 教法提示

(1)模拟练习:双手在身体前后交叉后,连续地进行模拟的摇绳运动,以锻炼手腕交叉后的操纵性。

(2)单个动作练习:首先将双手放在身前,然后从静止的姿势摆动绳子;一次停下来,再做一次。

(3)连续动作练习:一次又一次地"敬礼",初学者每次 5～10 次。

(六)侧摆直摇跳

1. 动作名称

侧摆直摇跳英文名为 Single Side Swing。

2. 动作方法

先从基础姿势开始,将绳子置于背后,然后从后面摇动绳子,当绳子摇晃到头部的时候,双手向右,在右边做一个反向的侧摆绳动作,然后将绳子举到头顶,将绳子从脚底移到头上,双手向左移动,在左边做一个反向侧击。

3. 动作要领

逆式侧打地后加单摇跳:双手在一侧侧打地时,两手交叉,逆着手臂位置摆放,即左手在右手右侧,右手在左手左侧。

4. 重点与难点

弄清楚逆式侧摆绳动作。

5. 易犯错误及纠正方法

(1)把逆式侧打做成顺式侧打。

纠正方法:反复做反手侧拍,固定动作。

(2)侧打地时,手臂摆动幅度太大,则绳索的舞动轨迹不能形成立圆。

纠正方法:双臂夹持,肘部与肋骨接触,在摇摆时,前臂带动腕部用力。

6. 教法提示

(1)模仿跳:原地徒手模仿整个动作过程。

(2)分解练习:先练习一边侧打直飞动作,熟练后再练习另外一边,两边都熟练后再连在一起练习。

(七)左右侧摆直摇跳

1. 动作名称

左右侧摆直摇跳英文名为 Double Side Swing。

2. 动作方法

先从基础姿势开始,将绳子置于背后,将绳子从后面向前摇动,当绳子摆动到头部的时候,将绳子从右边拉到左边,再将绳子从头顶移到左边,再用两只手将绳子举过头顶,完成一个单直摇的动作。特别的注意事项是横向摆动。

（八）侧摆体前交叉跳

1. 动作名称

侧摆体前交叉跳英文名为 Side Swing Criss Cross。

2. 动作方法

从最基本的姿势开始，将绳子放在背后，然后从后面摇动绳子，当绳子摇动到头部的时候，双手向右移动，在右侧顺时针旋转，然后双手将绳子举到头顶，将绳子绕到头部的上方，再双手向左移动，在左侧顺势做侧打地动作。

3. 动作要领

顺式侧打地后前挽花跳，双手在一侧侧打地时，顺着手臂位置摆放，即左手在右手右侧，右手在左手左侧。

4. 易犯错误及纠正方法

（1）两手腕挽花时远离身体。

纠正方法：牢记两个“贴”，“手腕贴手腕，手腕贴腹部”。

（2）两手腕直接交叉，没有主动向下向里画弧。

纠正方法：在手腕交叉之后，首先向下旋手。

5. 教法提示

（1）模仿跳：在不用跳绳的情况下，完全模仿动作的全过程。

（2）分解训练：先练习一边侧打挽花动作，熟练后再练习另外一边，两边都熟悉后再连在一起练习。

三、多摇跳花样

跳起至脚落地前，绳子在空中最少经过脚下两次的花样为多摇跳花样。多摇跳花样是跳绳技术中最精彩的部分，也是最核心部分，它最能体现跳绳者掌握跳绳动作和技术的熟练程度，显示个人的水平和实力。众多跳绳者也以学会多摇跳中的难度动作为荣，因此多摇跳成为跳绳比赛中设定难度等级的标准尺度。

跳起后，绳子直摇或体前交叉过脚的圈数决定多摇跳的命名及难度级别。为便于理解和方便命名，以一次跳起后的双手对应放于身体两侧的直摇为“开”，体前交叉为“合”，体前固定交叉为“合合”，体前交替交叉为“合一合”，多摇跳花样（如双摇跳花样、三摇跳花样等）大多以“开”“合”“合一合”为基本元素，通过不同元素的组合而构成不同的动作。跳起后的侧摆或胯下或双手背后等特殊花样等同于过脚，但整个花样动作中要求绳子至少真实过脚一次，这样的花样被认为是多摇跳花样。

（一）合开交叉双摇跳

1. 动作名称

合开交叉双摇跳又被称为“快花”，英文名为 Cross Double Under 2。

2. 动作方法

两手握住绳子两端绳柄，绳置于身后，由后向前摇动绳子，跳起一次，绳子过脚两周，第一周直摇过脚，第二周前交叉过脚。

3. 动作要领

(1)起跳时需控制手臂速度，保证挽花动作顺利通过，第二周由挽花变为直摇时的“扯”的动作需加快手臂速度。

(2)起跳后，可以尽量抬起膝盖，收回双脚，手部要求同前挽花跳。

4. 重点与难点

起跳后先控制速度，第一周过绳后再加速。

5. 易犯错误及纠正方法

(1)起跳后手臂动作过大过快，造成绊脚失误。

纠正方法：起跑后不要急着加快速度，以缓慢的速度做挽花动作，挽完后再加速扯绳。

(2)第二个周“扯”得太慢。

纠正方法：在“扯”的时候，要积极地提高胳膊的速度。

6. 教法提示

(1)模仿跳：在不需要跳绳的情况下，模仿整个动作的全过程。

(2)跳空绳：双手各持一条短绳，由后向前摇动绳子，在绳索落地的一刹那，自动弹起。

(3)单个动作练习：一次仅进行一次跳跃，然后停止，然后重新进行。

(4)连续动作练习：初学者可以进行一系列的连续跳，10～20 次，间歇地进行。

(二)合合交替交叉双摇跳

1. 动作名称

合合交替交叉双摇跳俗称“龙花”，英文名为 Cross Double Under 3。

2. 动作方法

本动作为体前交替交叉的延伸动作，在跳起一次过程中，完成体前交替交叉绕体两周动作，以右手先交叉在上为例：两手握住绳子两端绳柄，绳置于身后，由后向前摇动绳子，当绳子摇至头前上方时，两手臂交叉于腹前(右手在上)，再次摇至头前上方时两手臂上下互换(左手在上)交叉，继续向前摇绳过脚，完成一个完整动作。

(三)三直摇

1. 动作名称

三直摇又被称为“三摇”“三飞”“直三摇”，英文名为 Triple Under。

2. 动作方法

双手分别握住跳绳的两端绳柄，绳放在身后，从后往前摇动绳子，跳起一次，绳过头部上方位置，通过脚下绕身体三周(1080°)，三周都为直摇。

3. 动作要领

三直摇在双直摇的基础上加上一周的摇绳，难度也有所增加，需要增加摇绳速度及跳起高度，同时也对手脚配合的协调性提出了更高要求。具体要求可参照双直摇。

（四）开开合交叉三摇跳

1. 动作名称

开开合交叉三摇跳又被称为“三快花”，英文名为 Cross Triple Under。

2. 动作方法

两手握住绳子两端绳柄，绳置于身后，由后向前摇动绳子，跳起一次，绳子绕体三周，前两周为直摇过脚，第三周为前交叉过脚。

3. 动作要领

开开合交叉三摇跳可以理解为首先进行一次单直摇，接着是一次快速的加速，三次的摇绳速度可以逐步提高，在最后一次的横摆上进行重拍。

（五）开合开交叉三摇跳

1. 动作名称

开合开交叉三摇跳俗称“快扯花”，英文名为 Cross Triple Under。

2. 动作方法

两只手握着跳绳的两端，将绳索置于背后，由后向前摇动绳子，跳起一次，绳子绕体三周，第一周为直摇过脚，第二周围前交叉过脚，第三周为直摇过脚。

3. 动作要领

开合开交叉三摇跳，可以看作是快花与扯花的复合，前两周是一个快花，后两周是一个扯花，这个动作十分容易掌握，而且容易腾空发力，滞空时间较长，关键在于第二周的交叉要快速有力。

（六）合开开交叉三摇跳

1. 动作名称

合开开交叉三摇跳又被称为“三扯花”，英文名为 Cross Triple Under。

2. 动作方法

双手分别握住跳绳的两端绳柄，绳放在身后，从后往前摇动绳子，跳起一次，绳子绕体三周，第一周为前交叉过脚，后两周都为直摇过脚。

3. 动作要领

合开开交叉三摇跳，可以理解为一个体前交叉加一个双直摇，做这个动作时要注意节奏和重拍的掌握。第一周的前交叉一定不可盲目发力，交叉为第一个动作，要是发力过早，导致动作过快，容易造成交叉幅度不够而失误，所以第一周的交叉一定不要贪快，要求稳求到位。关键在于第二周的“扯”，即由交叉变为“开”，这一“扯”的动作一定要快速有力，与第三周一气呵成，练习方法可参照合开交叉双摇跳。

（七）合合合固定交叉三摇跳

1. 动作名称

合合合固定交叉三摇跳又被称为“三风花”，英文名为 Cross Triple Under。

2. 动作方法

双手抓住跳绳两端的绳柄，将绳子放到背后，然后由后向前摆动绳子，一次跳跃，绳子连续前交叉绕体三周。

3. 动作要领

合合合固定交叉三摇跳可以理解为在风花的基础上又增加一周，这就要求风花的基本功要扎实，手腕摇绳要快速有力，上体不可过度前倾，腿部若感觉腾空高度不够，可尝试做提膝动作，不可做直腿上提或后踢动作。待手部动作稳定后可适当控制身体姿态，逐步提高节奏，保证动作连贯性。

（八）合合开交叉三摇跳

1. 动作名称

合合开交叉三摇跳又被称为“风扯花”，英文名为 Cross Triple Under。

2. 动作方法

两手握住绳子两端绳柄，绳置于身后，由后向前摇动绳子，跳起一次，绳子绕体三周，前两周为前交叉跳，最后一周为直摇跳。

3. 动作要领

合合开交叉三摇跳可以理解为风花与扯花的复合，第一周不能太快，一定要做好交叉，第二周要加速，关键是要在第二周和三个周的衔接上，也就是要“扯”得更快。练习的方式可以参考合合、合开交叉双摇跳。

（九）合开合交叉三摇跳

1. 动作名称

合开合交叉三摇跳又被称为“扯快花”，英文名为 Cross Triple Under。

2. 动作方法

两手握住绳子两端绳柄，绳置于身后，由后向前摇动绳子，跳起一次，绳子绕体三周，第一周为前交叉跳，第二周为直摇跳，最后一周为前交叉跳。

3. 动作要领

可以把合开合交叉三摇跳看作是扯花与快花的复合，前两周是一个扯花，后两周是一个快花。练习这个动作与合开开交叉三摇跳相似，具体练习方法可参照合开开交叉三摇跳。

（十）开合合交叉三摇跳

1. 动作名称

开合合交叉三摇跳又被称为“快风花”，英文名为 Cross Triple Under。

2. 动作方法

两手握住绳子两端绳柄，绳置于身后，由后向前摇动绳子，跳起一次，绳子绕体三周，第一周为直摇跳，后两周为前交叉跳。

3. 动作要领

可以把开合合交叉三摇跳看作是一个单摇跳加一个风花。练习这个动作与开合开交叉三摇跳(快扯花)相似,具体练习方法可参照开合开交叉三摇跳。

(十一)开合合交替交叉三摇跳

1. 动作名称

开合合交替交叉三摇跳又被称为"快龙花"。

2. 动作方法

两手握住绳子两端绳柄,绳置于身后,由后向前摇动绳子,跳起一次,绳子绕体三周,第一周为直摇跳,第二周为前交叉跳,第三周为交替交叉跳。

3. 动作要领

可以将开合合交叉三摇跳看成是一次单跳加上一个龙花。交叉跳跃比固定和开闭交叉跳跃要困难得多,重点是两个交叉之间的转换,与固定交叉的时候不同,手臂动作要"小""活",不然就会出错。"小"是指两条胳膊交叉的幅度很小,在交叉的时候,两条胳膊紧贴着肋部,两只手腕略微上挑,方便上下移动。"活"是指上下转换时圆活、灵活,两手臂要弧形画圆旋转,动作才会轻松连贯。具体的训练方式可以参考合合交替交叉双摇跳。

(十二)合合开交替交叉三摇

1. 动作名称

合合开交替交叉三摇跳又被称为"龙扯花"。

2. 动作方法

两手握住绳子两端绳柄,绳置于身后,由后向前摇动绳子,跳起一次,绳子绕体三周,第一周围前交叉跳,第二周为交替交叉跳,第三周为直摇跳。

(十三)体后交叉类多摇跳

体后交叉类多摇跳与体前交叉类多摇跳大致一样,把体前交叉换成体后交叉即可。但是体后交叉类多摇跳的难度要高于体前交叉类多摇跳的难度,因此对体后交叉类多摇跳的技术要求较高。练习方法可结合体后交叉跳及体前多摇类交叉跳。

(十四)侧摆交叉双摇跳

在起跳之后到着地之前的一次跳绳动作,单摇花样、双摇花样、三摇花样等动作的前、中或之后,可以根据绳子的运动规律,添加一个或多个侧摆绳动作(反向摆绳或侧摆绳),将原有动作的难度提高到更高的水平。比如,双直摇前加一个侧摆绳,就变为侧摆双直摇,为三摇跳花样;开合开交叉三摇跳花样前加入一个侧摆绳,就变为侧摆快扯花动作,为四摇跳花样。跳绳爱好者可以结合自己的实际水平,进行侧摆绳多摇跳类动作,丰富自己的技术系统。

1. 动作名称

侧摆交叉双摇跳英文名为 Double Under Side Swing Criss Cross。

2. 动作方法

由基本姿势开始,绳子置于身后,由后向前摇动绳子,跳起后,绳子先侧面摆动然后体前交叉，左右交替练习。

3.动作要领

绳子右面侧摆后，右手在上交叉，绳子左面摆动后，左手在上交叉。绳子侧面成立圆摆动，前交叉时要连贯流畅。

(十五)左右侧摆三摇跳

1.动作名称

左右侧摆三摇跳英文名为 Double Side Swing Triple。

2.动作方法

以基础体式为起点，将绳子置于背后，将绳子从后方向前方甩出，一次起跳，完成了一次左右摆绳和单摇跳动作。

3.动作要领

绳子在身体两侧成立圆摆动，尽量贴紧自己的身体，摆动幅度小，速度快。

(十六)侧摆敬礼双摇跳

1.动作名称

侧摆敬礼双摇跳英文名为 EB Double Under。

2.动作方法

以基本姿势开始，绳子置于身后，由后向前摇动绳子，跳起一次，完成摆绳加敬礼跳动作。

3.动作要领

侧摆同时起跳，手臂交叉到位，腹前与背后手协同用力，身体配合摇绳动作稍微转动。

(十七)单手胯下交叉双摇跳

在跳起后至落地前的一个跳绳动作中，单摇花样、双摇花样、三摇花样等跳绳直摇类或开合交叉类动作之前都可按照绳子运行的规律加入胯下动作(单胯下或双胯下)而使原来动作增加一个或多个难度等级，变为胯下多摇跳动作，胯下多摇跳动作变幻万千，在此只介绍几个典型的动作。

1.动作名称

单手胯下交叉双摇跳英文名为 Toad Double Under。

2.动作方法

两手握住绳子两端绳柄，绳置于身后，由后向前摇动绳子，跳起一次完成单手胯下交叉跳动作。当绳子经头顶摇至体前，手臂做前交叉动作，贴近身体的手臂的对侧脚抬起，内侧手臂伸入抬起脚膝下，绳柄朝外，单脚跳过绳，另一侧动作相同，方向相反。

3.动作要领

此动作可以理解为：上肢是一个扯花，下肢为前后分腿跳(下面的腿自然收起)，身体微前倾，手臂交叉后前伸超过抬起脚后收回。

(十八)双手膝后交叉双摇跳

1.动作名称

双手膝后交叉双摇跳英文名为 A. S Double Under。

2. 动作方法

跳起后绳子绕身体两周，第一周直摇过脚，第二周为双手膝后交叉过脚。

3. 动作要领

把握双手贴于膝下交叉过绳时机，当绳子过脚瞬间，迅速交叉手臂贴于两膝下，交叉后两手臂贴紧，相互依托，尽力外伸，同时摇绳，保持绳子的饱满度，胸部贴于大腿前部，呼吸均匀自然，有节奏。

(十九)上下手双摇跳

1. 动作名称

上下手双摇跳英文名为 C. L Double Under。

2. 动作方法

跳起一次，绳子绕身体两周，第一周直摇过，第二周一手于膝后，一手于背后交叉过绳，以左手背后右手膝后为例：两手握住绳子两端绳柄，绳置于身后，由后向前摇动绳子，当绳子经头顶摇至体前，过脚后右手内旋并向左移动贴于膝后，同时左手内旋向右移动贴于背后，继续摇绳过脚后回复原位。

3. 动作要领

抓住两只手放在膝盖下面，跨过绳子的时候，快速将胳膊交叉在一起，一条胳膊放在膝盖下面，一条胳膊放在背后，尽量伸展，同时摇动绳索，保持绳子的充盈。胸腔紧贴大腿，呼吸均匀，有规律。

(二十)敬礼胯下三摇跳

1. 动作名称

敬礼胯下三摇跳英文名为 EB Toad Triple Under。

2. 动作方法

跳起后，手臂先做侧摆绳一周，然后做一次敬礼跳，第三周做直摇跳。手臂做敬礼跳动作，体前手臂对侧脚抬起，体前手臂置于抬起脚膝下，绳柄朝外，单脚跳过绳。

3. 动作要领

此动作前面两周是侧打敬礼胯下，最后一周没有完全过绳，敬礼跳后绳子从下方横向拉回原位即可。

(二十一)手臂缠绕膝后双摇跳

1. 动作方法

以右手膝后交叉为例：跳起后，左手向右侧摆至右肘关节下，右手向后通过膝下摆动至左膝左侧，身体前倾，双腿前提过绳。

2. 动作要领

此动作关键在于手臂摆动位置迅速、准确，身体前倾，双腿同时前提，胸部轻贴双膝，膝后右手交叉到位。

四、力量型花样

力量型花样是跳绳动作的重要组成部分，极大地增加了跳绳的观赏性和竞技性，大大拓展了跳绳的技术空间，完美展示了跳绳的高、难、美、新，力量型花样使跳绳走向成熟，走向更加开阔的发展空间。

花样跳绳中的力量型花样包括俯卧撑、虎扑、坐跳等各种除脚以外肢体接触地面的地板动作，也包括前空翻、后空翻等空中转体、翻腾类动作。力量型花样对身体素质的要求较高，需要对力量动作熟练掌握后，再与绳子完美融合。这类动作挑战性极高，跳绳爱好者可根据自身条件选择练习。

（一）俯卧撑跳

1. 动作名称

俯卧撑跳又名掌上压跳，英文名为 Push-up。

2. 动作方法

两手握住绳子两端绳柄，绳置于身后，由后向上向前向下摇动绳子，当绳子摇至脚前瞬间，屈膝下蹲，双手掌根着地，大拇指和食指握紧绳柄；双脚同时向后伸出，前脚掌与手掌同时撑地，成俯卧撑静力姿势；双脚蹬地，双手向后摇动绳子，绳过脚后顺势屈膝；手部继续摇动。

3. 动作要领

(1)初学者手撑地时顺势屈膝下蹲，然后再做俯卧撑姿势，这样可以降低手部压力，熟练后可以撑地瞬间双腿后伸成俯卧撑姿势，关键点在于绳子由上向前向下运行时，上体要顺势前俯，降低重心后手再撑地，以减少撑地时的地面反冲力。

(2)由俯卧撑静力姿势至过绳动作过程中，双腿蹬地后要收腿，腿部尽量向胸部抬起，同时协调腰部力量，双手向后拉绳，即可过绳。

4. 重点与难点

收腿、双手向后拉绳与腰部的协调配合。

5. 易犯错误及纠正方法

(1)直接下扑：没有屈膝，上体也没有前倾，重心还没有降下来时直接手撑地。

纠正方法：不要想着直接手撑地，要屈膝、弯腰，降低重心后再撑地，撑地时双手与肩同宽，掌根撑地，大拇指与食指握紧绳柄，其他三指辅助支撑。

(2)俯卧撑过绳时没有收腿。

纠正方法：俯卧撑跳时一定要先提膝收腿，同时配合手部后拉、腰背部上顶。

6. 教法提示

(1)模仿跳：原地不使用跳绳模仿整个动作过程。

(2)跳空绳：双手分别握一根短绳，模仿俯卧撑跳整个动作。

(3)完整动作练习。

(4)延伸动作练习：连续俯卧撑跳，连续做 2～3 个。

（二）分腿跳

1. 动作名称

分腿跳英文名为 Split。

2. 动作方法

两手握住绳子两端绳柄，绳置于身后，由后向上向前向下摇动绳子，当绳子摇至脚前瞬间，屈膝下蹲后双脚跳起过绳，同时双脚前后分开，两腿夹角 135°～180°，双手可辅助支撑；前后分开腿同时向中间并拢，双手向后拉绳，过脚后顺势向前摇绳。

3. 动作要领

(1)分腿跳前先降低重心，根据自己的柔韧能力决定分腿角度。

(2)并腿时前后腿协同发力，同时收起。

4. 重点与难点

分、收腿过绳要协同发力。

5. 易犯错误及纠正方法

(1)直接下扑：没有屈膝，上体也没有前倾，重心还没有降下来时直接手撑地。

纠正方法：不要想着直接手撑地，要屈膝、弯腰，降低重心后再撑地。

(2)在分腿之后，应注意控制动作的速度，先缓冲，然后再将脚收回。

纠正方法：原地练习分腿跳。

6. 教法提示

(1)模仿跳：由剪刀跳开始，逐步加大分腿幅度。

(2)跳空绳：双手分别握一根短绳，模仿分腿跳整个动作。

(3)完整动作练习。

(4)延伸动作练习：连续俯卧撑跳，连续做 2～3 个。

(三)虎扑跳

1. 动作名称

虎扑跳又被称为"掌上压""饿虎扑食""前撑跳""倒立跳"。

2. 动作方法

两手握住绳子两端绳柄，绳置于身后，由后向上向前向下摇动绳子，顺势身体前俯，两手撑地，双脚抬起成倒立姿势；双脚下落，双手向后摇动绳子，绳过脚后顺势屈膝；手部继续摇动。

3. 动作要领

虎扑跳的重点在于倒立后的收腿，倒立至最高点时膝关节弯曲，两小腿先顺势前摆，然后发力反弹，带动身体跳动；倒立时一定要抬头挺胸。

4. 易犯错误及纠正方法

(1)倒立时重心不稳。

纠正方法：初学者可以先对墙练习倒立，或者找搭档辅助练习倒立；倒立时双手撑地与肩同宽，手臂伸直，指尖抓地，抬头挺胸，控制平衡。

(2)双腿摆动幅度不够。

纠正方法：双腿摆至最高点后，两小腿先顺势前摆，然后发力反弹，带动身体跳动；两小腿的过量预摆是虎扑动作的主要力点，另一力点为肩部肌肉，虎扑时手臂不能弯曲，要靠两小腿的反弹及肩部肌肉发力弹起身体。

5. 教法提示

(1)模仿跳:倒立—单脚虎扑—双脚虎扑,原地不使用跳绳模仿整个动作过程。

(2)跳空绳:双手分别握一根短绳,模仿虎扑跳整个动作。

(3)完整动作练习。

(四)割草坐跳

1. 动作名称

割草坐跳英文名为 Grass Cutter Butt Bounce。

2. 动作方法

将跳绳对折,一手握住两个绳柄,双脚并拢坐于地面,将绳在臀下平摇旋转,顺时针或逆时针都可以。

3. 动作要领

割草坐跳重点在于掌握坐跳发力点及过绳时机。坐跳发力点在于大腿、臀部及腰腹部肌肉的协调发力,同时手臂也可辅助上提。过绳时机关键在于臀部弹起瞬间绳摇过,不要提前发力,当绳摇过腿部后再发力弹起即可。

4. 易犯错误及纠正方法

(1)力量不平衡,臀部无法弹起或弹起过低。

纠正方法:初学者可在柔软或有弹性的地面练习;注意手臂、腰部、臀部、大腿肌肉协同发力。

(2)掌握不准过绳时机。

纠正方法:双手握绳起跳,当摇动绳子跃过头顶时,迅速在头顶作交叉动作,两腿稍抬起,当绳过脚后再弹起臀部过绳。

(五)前摇坐跳

1. 动作名称

前摇坐跳英文名为 Butt Bounce。

2. 动作方法

两手握住两个绳柄,双脚并拢坐于地面,由后向前摇绳,绳通过臀部绕体一周。此动作幅度较大,有一定难度,需要完全掌握坐跳发力及过绳时机,具体要领可参照割草坐跳。

(六)平摇坐跳

1. 动作名称

平摇坐跳英文名为 Butt Bounce。

2. 动作方法

两手握住两个绳柄,双脚并拢坐于地面,一手位于头上,一手位于髓关节处,以垂直面为轴横向摇动绳子,绳子通过臀部后继续摇动,可结合头顶摇绳间隔练习,也可连续练习。具体动作要领可参照割草坐跳。

(七)空翻跳

空翻跳绳属于跳绳中的高级难度花样,对跳绳者的身体素质要求很高。首先要徒手掌握空翻技巧，然后再带绳练习。绳子也可从单摇开始，逐步增加摇绳圈数，练习者要学会“借力”，遵循绳子的运行规律，充分利用绳子摆动的力完成动作，如前空翻三摇跳、后空翻三摇跳等。

五、抛接绳花样

抛接绳花样是世界跳绳比赛中比较流行的一类难度低、危险性高、得分高的花样，来源于艺术体操中的抛接绳动作，具有较高的观赏性，表演效果非常好。抛接绳花样大大丰富了跳绳技术，让人们从原来传统跳绳的闭塞空间中跳出来，为跳绳成为一个成熟、独立的运动项目创造了条件，这也是跳绳在技术上的一大飞跃。

（一）基本体前抛接绳

1. 动作名称

基本体前抛接绳英文名为 Basic Forward Rope Throw。

2. 动作方法

以右手握绳为例：右手握一绳柄，另一绳柄放于体前地面，绳体拉直；右手上提，带动另一手柄，使绳柄运行至体前空中，左手接住中的绳子。

3. 投掷方法

（1）前摇跳抛绳：当绳子由上向前运行时，一只手放开绳柄，将其抛至体前。

（2）后摇跳抛绳：当绳子通过脚下后，一只手放开绳柄，将其抛至体前。

（3）敬礼跳抛绳：敬礼跳时，当绳子通过脚下后，位于身后的手顺势抛绳至体前。接绳后动作：接绳后可以连接前摇跳或后摇跳。

4. 动作要领

抛绳时要顺着绳子的运动趋势，掌握好力度，抛绳距离刚好可以拉直绳体；接绳时用前臂带动手腕发力抖动，尽量让空中绳柄运行至眼睛前方 20～30 厘米处接绳。

（二）基本体后抛接绳

1. 动作名称

基本体后抛接绳英文名为 Basic Backward Rope Throw，Walk the dog。

2. 动作方法

手握一端绳柄，将另一绳柄置于体后，手臂向前摆动，将地上的绳柄抛至空中；另一手接住在空中运行的绳柄。其抛绳与接绳后的跳绳方法可参照基本体前抛接绳。

（三）换柄跳

1. 动作名称

换柄跳英文名为 Exchange Rope Throw。

2. 动作方法

将绳置于身后，由后向前摇动绳子，当绳子摇至头顶斜前方时，两手互换绳柄，绳子继续向下摇动过脚。

3. 动作要领

绳柄互换时手指动作干净利索，用巧劲而不用蛮力；两弹一摇跳节奏。

(四)交叉换手跳

1. 动作名称

交叉换手跳英文名为 Cross Pop。

2. 动作方法

由体前交叉跳(以右手在下为例)开始，当绳摇至头顶后，右手放开绳柄并迅速由下移动至左手上面，抓住位于空中的绳柄，做右手在上的体前交叉跳。左右可交换做。

3. 动作要领

放开绳柄时不可太用力，尽量让放开的绳柄在原地旋转；下方手臂自然移动至上方，两手臂不能发生碰撞。

(五)胯下交叉换手跳

1. 动作名称

胯下交叉换手跳英文名为 Toad Cross Pop。

2. 动作方法

此动作为交叉换手跳与单手胯下交叉跳的复合，以单手胯下交叉跳(右手胯下为例)开始，右手在胯下交叉，当绳子运行至头顶时，位于胯下的右手放开绳柄并迅速移动至左手上接绳，成体前交叉跳。

(六)蛇形抛接绳

1. 动作名称

蛇形抛接绳英文名为 Snake Rope Throw。

2. 动作方法

以右手持绳，左手抛绳为例：两手各握一绳柄，左手通过体前摆放于身体右侧，右手摆于右斜后方；右手向左向上向后摆动头顶上方，左手于腰间摆动至身体左侧，右手继续经头部向后摆动至体前，左手内旋于背后放柄，右手于体前逆时针旋转手腕，带动绳子做逆时针蛇形旋转，左手于体侧接住绳柄。

3. 动作要领

放开绳柄时不可太用力，持绳手臂根据绳子运行轨迹旋转，用力要顺畅自然。

(七)侧甩抛接绳

1. 动作名称

侧甩抛接绳英文名为 Side Swing Rope Throw。

2. 动作方法

以右手持绳，左手抛绳为例：两手各握一绳柄，绳子放于身后，由后向前摇动绳子，当摇动至头顶后，两手同时并向左侧；左手顺势抛柄，右手顺时针方向于左侧旋转绳体；左手握住于空中旋转的绳柄，继续摇绳，单摇跳过。

3. 动作要领

放开绳柄时不可太用力,持绳手臂根据绳子运行轨迹旋转,用力要顺畅。

(八)双手抛接绳

1. 动作名称

双手抛接绳英文名为 Flip Rope Throw。

2. 动作方法

两手各握一绳柄,绳子放于脚前,由前向后摇动绳子,当绳子经头顶通过脚下后,两手顺势同时向上抛出绳子;绳子在空中旋转一周后,两手同时接住空中绳柄。

3. 动作要领

放开绳柄时不可太用力,持绳手臂根据绳子运行轨迹旋转,用力要顺畅自然;两手要一起用力,控制抛绳高度及旋转速度。

六、组合动作

根据合理的绳索操作规则,可以将两个或两个以上的跳绳基本动作组合成不同的复合动作,跳绳基本动作互相结合可以产生多种多样的复合动作。练习者可以发挥自己的想象力与创造力,尝试对基本动作进行组合,创新做出多姿多彩的动作,跳绳的魅力就在于此。

第三节　交互绳技术

交互绳又被称为"双绳跳",最早起源于荷兰,因此也叫作"荷兰双绳跳",后流传到美国、加拿大、比利时、澳大利亚等国,成为风靡欧美的一项时尚运动。交互绳运动有助于提高练习者的心肺功能、平衡能力、灵敏协调能力、节奏感和力量,同时它还是一项特别注重培养合作精神的团队项目。摇绳者要正确且恰到好处地摇绳,及时调整自己的位置以保证跳绳者在绳子的中间跳跃,并辅助跳绳者成功进出交互绳;跳绳者要跟随摇绳节奏变换自身节奏和位置。

交互绳花样难度非常高,它融合了体操、街舞、健美操等元素,具有很强的观赏性,是世界跳绳比赛中关注度最高的比赛项目。现在交互绳已成为一项国际赛事,包括速度赛和花样赛。

国际跳绳联盟(FISAC－IRSF)比赛规则中这样描述交互绳:两名摇绳者分别握住两根绳子的末端,两根绳子向相同或相反方向依次打地,同时跳绳者在绳子间做出各种技巧,摇绳者也可以随之做出各种摇绳花样。初学者可以尝试以下方式来用较快的速度成功掌握各种技巧。

(1)两人一组配合练习摇绳。

(2)跳绳者独自练习跳绳动作,不用跟绳配合。

(3)跳绳者跟随摇绳节奏尝试在绳外完成动作。

(4)跳绳者尝试在绳内完成动作。

每一次跳跃过绳时都要大声喊口令或数节拍,这样可以让跳绳者和摇绳者统一动作节奏,更容易顺利跳跃过绳。世界顶级的交互绳团队在比赛中都会喊口令或数节拍。交互绳中最重要的是团队合作,大多数人会认为跳绳者是交互绳的核心成员,其实摇绳跟跳绳有着同样的难度,摇绳者要有极强的控制绳子的能力,两根绳子犹如自身手臂的延长,要始终控制摇绳节奏,同时又要根据跳绳者动作做出及时的调整。

交互绳注意事项有以下几点。

(1)注重跳绳者与摇绳者交换角色,轮流练习。

(2)两根绳子长度相同,颜色不同。

(3)绳子要打地且打地间隔时间相同。

(4)喊口令。

(5)摇绳者与跳绳者要相互配合。

一、摇绳者花样

(一)正摇绳

1. 动作方法

两人手握两绳保持适当距离相对站立,两脚分开略宽于肩,屈膝微蹲,两手于腰部高度依次向内侧绕圈摇绳,两绳依次打地,间隔时间相同。

2. 动作要领

(1)绳子开始摇动时,两人商定好哪根绳先摇,哪根绳后摇。

(2)绳子中心位置依次打地,节奏明显且间隔时间相同。

3. 重点与难点

用手腕发力,两手贴于腰部向内侧绕圈并保持相同速率,两根绳间隔时间相同,依次打地。

4. 教法提示

四人一组,两人摇绳,两人辅助喊口令并打节拍“1,2,1,2……”。

(二)反摇绳

1. 动作方法

与正摇绳摇绳方向相反,两手同时向外侧绕圈摇绳,两绳依次打地,间隔时间相同。

2. 动作要领

(1)当绳子摆动时,双方决定谁先摆动,谁后摆动。

(2)绳子的中央部位,按顺序击打,节奏明显,间隔时间一致。

3. 重点与难点

手腕用力,双手在腰间向内旋转,以同样的速度旋转,以同样的速度击打地面。

4.教法提示

四人一组，两人摇绳，两人辅助喊口令及打节拍“1，2，1，2……”。

（三）移动摇绳

1.动作方法

正摇绳或反摇绳时，两人同时任意向各个方向移动，移动时保持摇绳节奏不变，移动的步法可以为交叉步、单并步或双并步。

2.动作要领

（1）在运动过程中，摇动绳子的运动仍维持原来的韵律。

（2）二人互相合作，每一步都要尽量和绳子的节拍保持一致，两人的距离和步调都是一样的。

（四）最大幅度摇绳

1.动作方法

最大幅度摇绳是控绳主要动作，它针对各种大幅度的地板技巧动作，让跳绳者有足够的施展动作的空间。正摇绳或反摇绳时，两脚分开距离稍大，两脚尖外开45°，两腿可以左右弓步转换；身体前俯，两手握绳以最大幅度在立圆方向摇绳。

2.动作要领

（1）手臂摇绳时尽量伸直，两人用力一致，绳子弧度饱满。

（2）尽量长的绳子打地，打地过程中绳子伸直，快速有力。

（五）快速摇绳

快速摇绳是交互绳速度的主要摇绳动作，对交互绳的速度水平起决定性作用。在摇绳的时候，双臂要紧贴着两侧的肋骨，两条手臂自然地向前伸展到腰间，大拇指和食指抓住绳子的绳柄，其他三根手指则用手指抓住绳子，在摇绳的时候，手臂和手腕同时用力，两根绳子依次敲击地面，动作要清晰，要快速。

（六）头顶摇绳

在正摇或反摇的过程中，双手向上抬到头上摇动绳子。双臂向前抬起，双臂呈“V”形，左右摆动、动作流畅、节奏明快。

（七）上下摇绳

以左上右下为例：两手左上右下摇绳，两绳为交互式节奏摇动，左手绳于头顶上方摇动，绳子不用打地；右手绳正常摇绳，绳子中间打地。

（八）转身摇绳

两手握绳于身体两侧，绳停于地面；两人同时向同一方向转身180°，一绳于空中，一绳打地；继续旋转180°，两绳交换位置，交替打地，弧度饱满，节奏鲜明。

（九）特殊手臂摇绳

两手臂胸前交叉摇动绳子；一手背于身后摇动绳子；两手背于身后摇动绳子。

(十)多摇跳摇绳

跳绳者在绳中跳跃一次,两根绳交替打地,两次以上绳子过脚。两手动作要快,动作幅度不宜过大,控制好两绳打地的时间差。

(十一)抛接绳

两名摇绳者相互配合,一名摇绳者根据绳子运行规律,甩出一只绳柄;另一名摇绳者控制空中的绳子,保持运行弧度圆满,甩绳者用合适的动作接住绳柄。

(十二)车轮式摇绳

交互绳摇绳动作可以借鉴车轮跳中的动作,两人相互配合,在保持两绳依次打地的前提下,跳跃过绳。

(十三)换接绳花样

摇绳者与跳绳者之间可以相互转换,跳绳者跳出并顺势接绳,摇绳者进入绳中跳入转变为跳绳者。

二、进绳花样

(一)基本进绳花样

1. 动作方法

跳绳者可站在摇绳者任意一侧,跳绳者位于绳外,靠近跳绳者的绳为内侧绳,远离跳绳者的另一根绳为外侧绳。以站在摇绳者右侧为例,跳绳者数外侧绳,当闪过内侧绳、外侧绳打地时开始起跳,内侧绳下落时跳进绳中。

2. 动作要领

在两绳打地处做一个标记,以便跳绳者和摇绳者确定中心位置。选用两根不同颜色的绳子,以便于初学者数节拍。以外侧绳打地为准数节拍,“1、2、3、进”,在“进”时跳入绳中。

许多问题的出现是因为跳绳者进绳动作错误,进绳时采用“一步跳”即上一步起跳,要跳入绳中,跳跃高度适中,不要太高或太低,5～10 厘米即可;节奏尽量快,比跳单长绳加快一倍的速度;跳入绳中后,摇绳者要数节拍,帮助跳绳者找节奏。

(二)侧手翻进绳

两绳正常摇起后,跳绳者站在绳子一侧准备,控制好距离,以不碰到绳子为宜。当外侧绳打地,内侧绳经过眼前时准备做侧手翻;两手快速落地,随后内侧绳通过于空中向下向内运动;当跳绳者两手离地时,内侧绳迅速摇绳通过身体;跳绳者侧手翻落地后马上起跳。

(三)前滚翻进绳

跳绳者站于摇绳者体前;跳绳者蹲下,两摇绳者两手上举至头顶摇绳;跳绳者前滚翻,摇绳者保持头顶摇绳;跳绳者前滚翻落地后直接起跳,摇绳者同时一绳打地过脚,变为正常摇绳。

(四)鞍马跳进绳

两名摇绳者相对站立,正常摇绳;跳绳者从摇绳者身后起跳,两手按住摇绳者肩膀,两脚于空中分开，从摇绳者头顶跃过跳入绳中。当跳绳者手按肩膀时，摇绳者两手臂向外侧打开摇绳，以利于跳绳者落于两绳中间；跳绳者落地后，摇绳者恢复正常摇绳。

三、跳绳者花样

跳绳者花样动作是交互绳中的核心动作，分为步法花样和技巧花样，可以单人练习，也可以两人或多人配合练习，它代表了交互绳技术的难度水平，是交互绳学习的重点内容。

(一)双脚跳

进绳后双脚同时跳起落地，并脚时两脚前后稍错开，掌握平衡避免两内踝相撞；前脚掌压地后自然弹起；膝关节微屈，缓冲落地后的反冲力，保护脚踝和大脑，同时尽量避免前踢腿或后撩腿动作；上体自然放松，挺直但不僵硬；呼吸均匀自然，有节奏，眼睛盯着摇绳者手部。

初学者往往因为怕绳绊脚而跳跃高度过高，且容易出现后踢腿等错误动作，跳起来非常费力又容易失误。初学者务要先掌握节奏，其次控制跳跃高度。

(二)速度跳

速度跳动作是交互绳速度赛中的规定动作，跳绳者做两脚依次交替抬起、落地的踏步跳。速度跳时身体重心在两脚之间，要保持稳定，一般稍低；腿部直起直落，不可有后踢或前伸等多余动作。

初学者容易出现后踢腿(身体易前倾，小腿折腿后踢，大腿后部肌群发力)和“扒地”(腿部动作幅度过大，像蹬自行车一样，小腿折叠大腿后前伸，落地时有“扒地”动作)。后踢或“扒地”动作非常影响速度的提高，要想避免这两个错误动作，可以选用的训练方法包括：绳外做高抬腿动作，体会腿部发力点，尽量用侧腰肌和大腿前部肌群发力；适当降低抬腿高度，增加踏步频率练习，待腿部动作固定后，可进绳练习。

(三)转身跳

进绳后双脚跳，掌握节奏，向左或向右转身跳，每跳跃一次转身 90°。

(四)弓步跳

弓步跳，在基本摇绳姿势的基础上，绳子过脚的同时，两脚在空中前后分开成弓步姿势即为开合跳。可以面对摇绳者，也可以面向绳子中间。

(五)踢腿跳

在基本摇绳姿势的基础上，摇绳过脚同时一腿做向前踢腿动作，支撑腿跳起后伸直，再次跳跃过绳后，两脚并步落地，两脚交替进行。

四、出绳花样

出绳有两个方向，一为同侧出(进绳侧)，二为异侧出(与进绳相反侧)。一般从异侧出绳：进绳后开始数节拍，数到单数时可从异侧出绳，数到双数时可从同侧出绳。或者进绳后左右跳跃，始终记住从相反方向出绳，即跳左绳后下一次从右边跳出，跳右绳后下一次从左边跳出。

刚开始学习交互绳时，进绳和出绳是难点和重点，经反复练习后，就可以快速而稳定地自由进出绳。

第四节　车轮跳技术

车轮跳又叫作“中国轮”，是花样跳绳中非常有特色的一个项目，这是一种新的跳绳方式，是一种由两个以上的人组成的组合轮流进行的跳绳方式。轮换的姿势就像是轮子在旋转一样，因此称之为“车轮跳”。

车轮跳的类型多种多样，技术难度较低，学习难度小，容易练习，它区别于传统跳绳的单一性，跳起来既生动活泼又富有趣味性，观赏性很高，属于有氧运动，对健身极为有利。遵循花样跳绳的基本规律，科学合理地变化各种身形，人与跳绳之间的配合默契，对运动员的想象、联想和创造的能力进行充分的开发，结合各种车轮跳技术动作，配以相吻合的音乐，可以对车轮跳的技术动作和所蕴含的艺术文化进行充分的展示。

练习车轮跳要注意两点：第一，要有节拍，就像车轮在滚动，绳子要按顺序敲打在地板上，间隔一定；第二，要注重人与人、人与绳之间的协调，车轮跳需要清晰、饱满、弧度优美，这就需要跳绳者在跳绳时要有一个标准的动作和与绳子的协调。

一、车轮跳辅助练习动作

（一）同步单摇

1. 动作方法

两人并排站立，相近手柄交叉相握，将绳置于身后；两人同时向前摇动绳子，同时跳跃过绳，跳跃一次，绳子过脚一次，重复进行。

2. 动作要领

两人的节奏必须一致，交叉的绳子不可打结。

（二）同步双摇

1. 动作方法

两个人并肩站着，手握着手柄，把绳子背在身后；两个人一起将绳索向前摆动，然后在同一时间越过绳子。

2. 动作要领

两个人的步调必须相同，跳绳高度相同；两人都是站在原地，身体保持平衡。

（三）同步挽花

1. 动作方法

两人并排站立，相近手柄交叉相握，将绳置于身后；两人同时向前交叉摇动绳子，同时跳跃过绳，起跳一次，绳子过脚一次，可直飞一次，挽花一次练习，也可连续挽花练习。

2. 动作要领

右侧绳子在下，则挽花时右手在上；左侧绳子在下，则挽花时左手在上。

（四）车轮抡绳

1. 动作方法

两手各握一绳，在立圆方向依次向前抡动，两绳始终相隔 180°，一上一下，一前一后，重复练习；或者三人一组，旁边两人各握一绳柄，中间人手握两绳柄，在立圆方向依次向前轮动，两绳始终相隔 180°，一上一下，一前一后，重复练习。

2. 动作要领

车轮抡绳为车轮跳辅助练习动作，改变初学者两手同时摇绳的习惯，体会两绳依次打地的感觉，领会"车轮"的内涵。

3. 重点与难点

抡绳时一定要保证绳子交错打地，两根绳子摇动时一根保持最高点，另一根保持在最低点，两绳相隔相同时间交错打地。

4. 易犯错误及纠正方法

双手节奏不一致，导致绳子变速；绳子摇动不在立圆上。

纠正方法：先让一根绳摇起，到最高点时另一根绳同时摇起；两手臂摇动轴需在立圆上，保证绳子运行轨迹始终成立圆。

5. 教法提示

(1)原地抡绳练习：注意节奏的把握。

(2)移动抡绳练习：在运动中不能扰乱运动的节拍，并注意绳子的饱满度。

二、两人车轮跳

两名跳绳者各握对方一个手柄，绳子依次交互打地，以各种方法轮流进行跳绳称为两人车轮跳，从侧面看就像车轮在转动。两人车轮跳按照摇绳者握绳方式可以分为三种：同面前摇绳、同面后摇绳、异面前后摇绳。三种方式所跳花样基本相似，为避免重复，本书以同向前摇绳为例描述，有兴趣者可以自行练习同面后摇绳与异面前后摇绳花样。

在车轮跳运动中，跳绳者把转身、换位、挽花、胯下和双摇等动作按照合理的顺序相互融合而形成元素多样的复杂动作，称为车轮跳复合花样。车轮跳复合动作花式繁多，所有的符合绳子运行轨迹的动作，加以努力都可以完成，关键在于跳绳者的创新。

（一）基本车轮跳

1. 动作方法

两人并排站立，相近绳柄交叉相握，绳置于身后；一绳先向前摇动，当摇至最高点时另一绳开始向前摇动，两人依次跳跃过绳，两绳始终相隔 180°，一上一下，一前一后，看上去像“车轮”在转动。

2. 动作要领

(1)首先要确定跳绳者的顺序，也就是谁先跳谁后跳，先跳者与后跳者每次跳跃相隔时间相同，两绳一上一下，一前一后，相隔距离相同。

(2)两人所摇的同一根绳保持节奏一致。

(3)初学者可先练习双脚跳。

3. 重点与难点

两绳要保持速度一致，两人持同一根绳的手臂保持节奏一致。

4. 易犯错误及纠正方法

(1)起跳时容易受到对方的影响，两人会同时起跳。

纠正方法：保持目视前方，不要盯着同伴看，一人先起跳，另一人要配合摇绳，控制好起跳的节奏。

(2)双手不能分开摇绳，交替摇绳动作变成一起摇绳动作。

纠正方法：多练习抡绳动作。

5. 教法提示

(1)抡绳动作练习：两手各拿一绳，练习原地和移动抡绳动作。

(2)单个动作练习：两人各跳一次或两次，重复练习。

(3)连贯动作练习：两人连贯车轮跳练习，每组各跳 10～15 次。

(二)内转

1. 动作方法

在车轮跳中，跳绳者向任何一侧转体的动作，称为车轮跳转身动作。跳绳者可以向左侧转身，也可以向右侧转身；可以转动 180°，也可以转动 360°；可以同时转身，也可以依次转身；可以采用多种步法跳跃，如单脚、双脚等。车轮跳转身动作增加了跳绳者方向的变化，可以锻炼和增强跳绳者方位意识以及朝不同方向迅速转体的能力。

在两人车轮跳中，向两人中线(自己与搭档之间)转身为内转；反之为外转。内转是在原地车轮的基础上，身体向内侧转体，同时外侧绳空打地，继续转体一周，另一绳也空打地，回到原地做车轮跳动作。两人可以依次或同时内转一周，也可内转半周成后摇车轮，还可以内转半周后回转至原位。

2. 动作要领

(1)首先确定谁先转身。

(2)旋转和绳子的击地要协调，动作要统一；旋转时，双臂伸直，尽可能靠近耳朵，让绳子绕着垂直圈旋转。

3. 重点与难点

两绳子速度一致，两人相同方向的手臂保持节奏一致。

4. 易犯错误及纠正方法

(1)起跳时容易受到对方的影响，两人会同时起跳。

纠正方法：保持目视前方，不要盯着同伴看，一人先起跳，另一人要配合摇绳，控制好起跳的节奏。

(2)双手不能分开摇绳，交替摇绳动作变成同时摇绳动作。

纠正方法：多练习抡绳动作。

5. 教法提示

(1)抡绳动作练习：两手各拿一绳，练习原地和移动抡绳动作。

(2)单个动作练习：两人各跳一次或两次，重复练习。

(3)连贯动作练习：两人连贯车轮跳练习，每组各跳 10～15 次。

(三)外转

1. 动作方法

在原地车轮的基础上，一人保持基本车轮跳，另一人跳过自己的绳子后身体向外侧转体；转至背后紧接着跳过同伴的绳子；继续转体半周，跳跃自己的绳子，回到原地车轮跳动作。两人可以依次或同时外转一周，也可外转半周成后摇车轮，还可以外转半周后回转至原位。

2. 动作要领

(1)外转者需要连续跳跃三次，注意掌握节奏。

(2)转体与绳子打地要协调一致；转体时两手臂张开尽量贴近耳朵，使绳子在立圆上转动。

(四)半换位

1. 动作方法

在车轮跳过程中，跳绳者相互调换位置的动作，称为车轮跳换位动作。车轮跳换位动作增加了跳绳者的位置变换，可以锻炼和增强跳绳者协调能力和灵敏性。

2. 动作要领

右侧人跳右侧绳的同时要向左前方跳，有适当的提前量；注意脚步移动与上肢动作的配合。

(五)全换位

1. 动作方法

在车轮跳过程中，跳绳者相互调换位置的动作，称为车轮跳换位动作。车轮跳换位动作增加了跳绳者的位置变换，可以锻炼和增强跳绳者协调能力和灵敏性。

2. 动作要领

(1)全换位为半换位的复合动作，两次半换位之间减少一次跳绳。

(2)两人移动时成一圆周，移动轨迹在圆周切线上。

(3)右侧人跳右侧绳的同时要向左前方跳，有适当的提前量。

(六)基本挽花

在车轮跳过程中，跳绳者两手做交叉挽花，跳对方绳子的动作，称为车轮跳挽花动作。车轮跳挽花动作使绳子在空中“相互穿插而不打结，相互跳对方绳而不停顿”，可以锻炼跳绳者手腕灵活性，增强动作互动性和同伴间的配合。

1. 动作方法

基本挽花花样分四步完成：第一步，右侧绳首先改变路线，向左方打地给左侧人跳；第二步，左侧绳向右方打地给右方人跳，此时成左手在上，右手在下的交叉姿势；第三步，右手向右方摇动(解开交叉)给右侧人跳；第四步，左手向左方摇动给左侧人跳动，打开挽花，整个动作称为原地挽花。

2. 动作要领

(1)挽花时手尽量向对侧髋关节处伸。

(2)第三步打开挽花时右手要借助上一拍绳子摇动的惯性，顺势完成。

(3)初学者第三步速度可以稍加快，速度过慢容易缠到左侧同伴头部。

(七)胯下挽花

1. 动作方法

胯下挽花花样是在挽花花样的基础上完成的，胯下挽花花样动作分四步：第一步，首先改变右侧绳路线，向左方摇动，同时两人抬起右腿，右手握绳柄于左胯下，左侧人仅用右脚跳跃过绳；第二步，左腿抬起保持不动，左侧绳向右方打地，右侧人仅用右脚跳过，此时两手成左手在上、右手在下的交叉姿势；第三步，右手向右方摇动(解开交叉)给右侧人跳，过绳后右侧人左腿下落成双脚跳；第四步，左手绳向左方摇动给左侧人跳动，打开挽花，过绳时左侧人左腿下落成双脚跳，完成整个动作。

2. 动作要领

(1)抬腿高度与腰齐平，身体稍前倾，挽花时手尽量向对侧髋关节处伸。

(2)第三步打开挽花时右手要借助上一拍绳子摇动的惯性，顺势完成。

(3)初学者第三步速度可以稍加快，速度过慢容易缠到左侧人头部。

(八)挽花双摇

1. 动作方法

一个完整的挽花双摇动作，每名跳绳者起跳一次，绳子通过脚下两次，两人要依次起跳。以基本车轮跳为起始动作，分两步完成：第一步，左侧人起跳，先直摇跳过左手绳，然后交叉跳过右手绳；第二步，右侧人起跳，左侧绳向右摆动给右侧人跳，此时两手成左手在上、右手在下的交叉姿势，紧接着右手向右摇动（解开交叉）给右侧人跳，右侧人落地成基本车轮跳。

2. 动作要领

车轮跳挽花双摇是在挽花花样的基础上完成的，要注意双摇起跳的时机及两人的配合，可以多练习挽花花样，左侧人跳基本挽花花样的第四步和第一步，右侧人跳基本挽花花样的第二步和第三步。

（九）挽花半转身

1. 动作方法

挽花半转身动作为一侧跳绳者转半周后，再转回原方向的动作。以右手在上挽花，右侧人半转身为例，分四部完成：第一步，A 左 B 右起跳原地挽花，当 B 右手挽花给 A 跳的同时向左侧转身 180°；第二步，A 左手向右侧摇动，两手交叉，B 后摇跳绳一次；第三步，两人右侧手臂向右侧摇动，B 向右侧回转 180°，跳跃过绳；第四步，左侧手向左摇动，回到原地车轮动作。左右动作互换可完成左侧人挽花半转身动作。

2. 动作要领

左侧人始终保持基本挽花跳，右侧人要两次转身，连续跳三次。转身后摇要有一定的提前量，转身时绳子节奏不变。

（十）挽花全转身

1. 动作方法

挽花全转身动作为一侧跳绳者转一周后，再转回原方向的动作。以右手在上挽花，右侧人全转身为例，分四步完成，第一步，A 左 B 右起跳原地挽花，当 B 右手挽花给 A 跳的同时向左侧转身 180°；第二步，A 左手向右侧摇动，两手交叉，B 后摇跳绳一次；第三步，B 继续左转 180°，右手绳在两人中间空打地一次；第四步，A 侧手向左摇动，回复至原地车轮动作。左右动作互换可完成左侧人挽花全转身动作。

2. 动作要领

（1）左侧人始终保持基本挽花跳，右侧人要两次转身，节奏为：右绳空打、左绳跳跃、右绳空打、左绳跳跃。

（2）空打时绳子应在两人中间，且绳子在立圆上运行。

（十一）圆心转

1. 动作方法

右侧跳绳者越过右手的绳子后，移动到左侧，180°转身后两人同时越过右手的绳子，然后迅速向右侧移动，回到原位，叫作圆心转。

2. 动作要领

右侧人换到左侧，两人成前后站位同时过一根绳时，要注意两人距离的把握。

（十二）闪闪闪

1. 动作方法

右侧跳绳者向左前方跳过自己的绳子，落在左侧跳绳者前方，左侧跳绳者向右后方撤步，两人成前后站立；接下来，两人左右对错跳，前方人向左侧跳，同时侧抡左侧绳，后方人向右侧跳，同时侧抡左侧绳；以此类推，两人向相反方向对错跳动，可重复多次，然后回到基本姿势。

2. 动作要领

（1）前面的人和绳子的方向一致，后面的人和绳子的方向相反。

（2）左右偏移的位置要适当，不要太小，要看到两个人的脑袋。

（十三）小风火轮

1. 动作方法

基本车轮跳动作开始，两人协同配合摇绳，一人摇绳向内侧旋转，另一人保持基本车轮跳的同时绕其同步旋转一周，回到基本位置停绳，完成小风火轮动作。

2. 动作要领

两人旋转时要协同配合，以两人中点为圆心，两人绕圆周切线旋转。动作轻盈协调，摇绳手臂尽量“上贴耳，下贴腿”成立圆方向。

（十四）交叉风火轮

1. 动作方法

由基本车轮跳动作开始，两人协同配合摇绳，一人转身挽花旋转，另一人以圆周方式绕其同伴摇绳做挽花旋转，两人相互绕圈。交叉风火轮共分四步：第一步，A 左 B 右起跳原地车轮跳，B 单右脚跳右侧绳同时向右转身 90°，A 配合 B 摇绳同时转身 180°；第二步，A 继续向右转身 90°，摇左手绳给 B 跳，B 单右脚跳左手绳同时右手在左手上部交叉；第三步，B 继续右转 90°，单右脚跳右手绳，A 与 B 手臂动作一致；第四步，A 跳跃左手绳，B 配合摇绳，成开始姿势，重复上面动作，旋转一周停绳。

2. 动作要领

第三步最为关键，跳跃第三步动作时，两人一定要把握好距离，手臂动作交叉到位，要把握好身体右转与右手过绳的时机。

三、三人及多人车轮跳

在两人车轮跳花样的基础上，通过增加跳绳者的人数和绳子数量，可以衍生出三人车轮跳及多人车轮跳花样。三人及多人车轮跳花样动作更为复杂，可以做转身、换位、挽花、多摇、节奏变换以及变化多样的复合花样，需要跳绳者具有扎实的基本功、良好的节奏感以及团队配合能力。

第五节 长绳花样技术

长绳是花样跳绳中所需人数最多的动作类别，是一根或多根短绳与一根或多根长绳的组合，绳中有绳、变化万千、精彩纷呈，也是表演赛中最精彩的部分。长绳花样属于集体项目，要求参加者动作协调统一，齐心协力，能够培养跳绳者之间的协作精神。跳长绳对于摇绳者的技术要求较高，如果摇绳者技术水平高，跳绳者会比较轻松。因此，要求摇绳人注意力集中，注意摇绳的速度、节奏，主动配合跳绳者。长绳花样可以分为单长绳花样、多长绳花样、长短绳花样。

一、单长绳花样

单长绳花样是指两人摇一根长绳，跳绳者在一根绳子上做各种动作，可采用跑、跳、跃、翻等多种过绳形式，也可在单长绳中加入武术、体操中的各种花样动作，还可以加入呼啦圈、篮球等多种运动形式。

（一）原地跳长绳

1. 动作名称

原地跳长绳，绳子所需长度根据跳绳者人数决定，一般 3～10 人可用 4～5 米长绳，10～20 人可用 10 米左右长绳。

2. 动作方法

原地跳长绳是指跳绳者（一人或多人）预先站在跳绳位置上，摇绳者开始摇绳，当绳摇至跳绳者脚下时，跳绳者跳跃过绳。原地跳长绳时通常是跳绳者站在两个摇绳者的中间，在绳的一侧，排成一路纵队，面向一位摇绳者。开始可由一人发令，摇绳者一起向同一方向摇绳，跳绳者同时起跳，让绳子通过脚下。摇绳者连续摇绳，跳绳者连续跳绳。

3. 动作要领

初学者可以选用稍长的绳子，可以先练习荡绳跳，即摇绳者持绳沿地面左右摆动，跳绳者跳过左右摆动的绳子，绳向两侧摆起至腰侧为宜，熟练后绳子摇转一周，连续跳绳。初学者可以先面对摇绳者跳绳，这样能够看到摇绳者动作，便于更好地掌握节奏，等稳定后可以面向绳子外侧。

（二）长绳绕“8”字

1. 动作名称

绕“8”字跳长绳是一项常见的跳长绳比赛项目，普及面非常广。一般要求在三分钟时间内，两名运动员同步摇单长绳，其他八名运动员依次以“8”字路线绕过摇绳队员，并尽可能多地完成跑跳进出绳，这种跳绳方法称为长绳绕“8”字。

2. 动作方法

两人持一长绳相对站立，其余跳绳者在一名摇绳者身侧站成一纵队。第一个人进绳，跳跃一次，直线跑出，绕过另一个摇绳者，准备再次进绳跳跃。接着第二个人进绳，同样跳一次后跑出，绕过另一个摇绳者排在第一个跳绳者身后，以此类推，一个接一个进绳、跳绳、跑出。

3. 动作要领

首先，跳绳者要掌握进绳时机，初学者可以在看到绳子打地瞬间进绳，熟练后可以在绳子经过面前后马上进绳；其次，要清楚跳绳者跑动路线，跳绳者站立起始点为摇绳者身侧，尽量靠近摇绳者，以绳子恰好碰不到身体为准，沿斜直线运动，经过另一摇绳者身侧出绳；再次，要掌握好起跳点，进绳后起跳点尽量在绳子中间，落地在绳外，且出绳后要迅速前冲，离开绳子运行区域；最后，跳绳者两两之间的衔接十分重要，后一位跳绳者要紧盯前一位跳绳者，前一位跳绳者进绳时，后一位跳绳者准备进绳，要做到思想集中，动作迅速。

（三）波峰波谷

1. 动作名称

波峰波谷英文名为 Loops，这个动作需要一根 12 米左右的长绳，两名摇绳者各持一端，不同步摇绳，摇出一个波峰一个波谷。一名或多名跳绳者在波谷时跳跃，可以跳过或用侧手翻翻越过绳。

2. 动作方法

两名摇绳者各持绳一端，一名摇绳者保持不动，另一名摇绳者用手腕快速小圈摇绳。当出现波时，两人向相同方向摇绳并慢慢相互靠近直到绳子打地，出现一个波峰一个波谷，必须保持完美的弧形。两名跳绳者跳入各自的波谷中。

3. 动作要领

初学者可以选用稍长的绳子，一般为 12 米；进绳时，跳绳者可以面对摇绳者跳绳，这样可以看到摇绳者动作，便于更好地掌握节奏，等稳定后可以面向绳子外侧。

4. 衍生花样

跳绳者可以练习步法花样，跳绳者可以持单绳跳跃，一人可以从绳子中间侧手翻翻越过绳，可以加入更多的跳绳者。

二、长短绳花样

（一）彩虹

1. 动作名称

彩虹的英文名为 Rainbow，这个动作是一种至少有五人参与、在同一时间同一方向、多种绳子组合，绳子组成的形状像彩虹的一种长绳跳绳方法。所需绳具为短绳（2.5 米左右）一根，中长绳（3～5 米）一根，长绳（7 米左右）一根。

2. 动作方法

两名摇长绳者先摇起长绳；两名摇中长绳者内侧手持绳跳入长绳中，同方向摇起绳子；持短绳者跳入中长绳中，同方向摇绳。

3. 动作要领

中长绳进绳时要统一口令，同时进绳，进绳后顺势摇绳；跳短绳者可以先跳入中长绳中，再摇起短绳；长绳跟随短绳的节奏摇动；跳绳者尽量跳高一些，特别是两名摇中长绳者。

4. 衍生花样

在短绳中再加一人徒手跳跃；在中长绳摇绳者两侧再进入两人跳短绳；摇跳绳者可跳跃

各种步法花样。

（二）蝴蝶

1. 动作名称

蝴蝶是一种至少有七人参与、在同一时间同一方向、多种绳子组合，绳子组成的形状像蝴蝶的一种长绳跳绳方法。所需绳具为短绳（2.5 米左右）两根，中长绳（3 米～5 米）两根，长绳（7 米左右）一根。

2. 动作方法

两名摇长绳者先摇起长绳；三名摇中长绳者站成一横排手持绳跳入长绳中，同方向摇起绳子；两名持短绳者跳入两根中长绳中，同方向摇绳。

3. 动作要领

中长绳进绳时要统一口令，同时进绳，进绳后顺势摇绳；跳短绳者可以先跳入中长绳中，再摇起短绳；长绳跟随短绳的节奏摇动；跳绳者尽量跳高一些，特别是三名摇中长绳者。

4. 衍生花样

在短绳中再加一人徒手跳跃；在中长绳摇绳者两侧再进入两人跳短绳；摇跳绳者可跳跃各种步法花样。

（三）两只小蜜蜂

1. 动作名称

“两只小蜜蜂”是两名跳绳者各持一根短绳同时跳入一根同向摇动的长绳中，在长绳中做各种花样动作的跳绳方法。所需绳具为短绳（2.5 米左右）两根，中长绳（3～5 米）或长绳（7 米左右）一根。

2. 动作方法

两名摇长绳（或中长绳）者先摇起长绳；两名跳绳者各持一根短绳同时跳入长绳中，同步做各种单绳动作。

3. 动作要领

两人入绳的口令要一致，同时入绳，入绳后顺势摆动；跳短绳选手可以先跳进长绳，然后把短绳甩起来；长绳子随着短绳子的节拍摆动。

4. 衍生花样

增加跳短绳人数；增加跳短绳者花样，如两弹一跳、长绳同步、步法、双摇花样等。

三、多长绳花样

（一）梅花

1. 动作名称

“梅花”最少需要四人（三名摇绳者，一名跳绳者），也可多人同时参与。所需绳具为至少三根 4～7 米长绳。

2. 动作方法

三名摇绳者两手各持一绳柄站在三角形的顶点上，绳子同时向里（三角形内侧）或向外（三角形外侧）摇绳，跳绳者可从任一绳跳入，沿逆时针或顺时针方向旋转跑动跳跃绳子。

3. 动作要领

任一摇绳者喊口令，控制进绳时机，如“1，2，预备，进”，当跳绳者听到“进”时，跳入绳中，摇绳者尽量手臂打开于身体两侧，以免绳子相互打结，跳绳者从摇绳者身后外侧进绳，进入后采用两弹一跳的节奏跳跃。

4. 衍生花样

跳绳者进绳后跳步法花样；在梅花中加入个人绳；创编简单的追逐游戏；使用更长的绳子，加入更多的跳绳者。

（二）乘风破浪

1. 动作方法

同时摇起三根以上单长绳，所有绳子要排列成一竖排，动作一致，节奏稍缓。跳绳者在绳子中间一侧站成一竖排，依次跳过所有长绳，从另一侧冲出。有“一路冲杀、披荆斩棘、乘风破浪”的感觉。

2. 动作要领

绳子反摇，进绳应是跳入另一绳。不能犹豫，可每根绳跳两次，第三次跳入下一绳，熟练后可每绳跳一次。

（三）天罗地网

1. 动作名称

“天罗地网”可采用长度相同的绳子。两根绳子交叉是最简单的天罗地网跳法。

2. 动作方法

两根或两根以上绳子按照顺序依次交叉，交叉点为绳子中点，同时摇绳；跳绳者在绳交叉中心处跳绳；摇绳者可平均站到两边成两排站立摇绳，也可围成一个大圆摇绳。

3. 动作要领

尽量选用材质相同、长度相同的绳子；各绳在中点处交叉；所有摇绳者可统一右手持绳，身体稍摇转，大臂摇动，保证绳子在运动中流畅、饱满。

4. 衍生花样

当只有两根长绳时，两绳可交叉成“十字”，摇绳者站于正方形的顶点处，此时除交叉点外，在摇绳者与交叉点的中心处也可加入跳绳者；跳绳者可以持短绳跳跃或做各种步法及体操动作；摇绳者可以做移动、换位等花样。

第四章　花样跳绳的学习与实践

第一节　专业入门之学习花样跳绳

花样跳绳运动起源于中国民间，产生的朝代没有明确的考证。自远古时代，人类便与绳结结下了“不解之缘”。从祭祀纪念、劳动生产到民间休闲娱乐，再至如今花样跳绳成为传统体育与非物质文化遗产的代表，绳子都扮演着重要的角色。花样跳绳在传统跳绳的基础上融合众长，结合了杂技、舞蹈、音乐、表演等多种文化艺术元素，使其具有文化传承性的同时还具备技术性、互动性与观赏性。

想要了解和学习花样跳绳，首先要了解花样跳绳的术语，也就是描述和表达这一运动动作的专门词语。鉴于花样跳绳运动技术的丰富与精深，不管是国际还是国内，一直未能形成统一的一套术语来命名相关的动作。因此，当今我们学习和了解到的术语，大多是经过时代变迁而在民间约定俗成的解释。正确理解和掌握这些术语背后分解的动作和要领，是开启花样跳绳之门的关键环节。

一、花样跳绳的前期准备

（一）绳具种类

绳具就是跳绳使用的工具，依据长度、使用者年龄、材质、用途功能可分为不同的种类。绳子长短不同，可分为一人玩的小绳，还有一群人可以一起玩的大绳；绳子材质不同，有棉布的、珠节的、塑料的等；绳子用途不同，可以有计时的、计算消耗热量的甚至制订健身计划智能提醒的等。正所谓“工欲善其事，必先利其器”，想要掌握花样跳绳的使用要领，解锁更多跳绳的玩法，一定要从了解绳具开始。

花样跳绳的绳具分为三个部分，其中最重要的就是绳柄。这是连接使用者与绳具最直接的位置，也是人与绳子接触最多、最易使皮肤磨损的地方。就像汽车的方向盘的控制左右着车的轨迹甚至驾驶者的安危，绳柄的驾驭也操纵着花样跳绳效果的好坏。因为对绳柄的挑选要考虑舒适度、耐磨感，甚至功能、长度。而绳体要时时打地再回弹，还有时会误伤到自己或旁边站得近的人，因此选购跳绳时，绳体的材质、重量、摩擦感甚至弹性都要考虑到。第三个部分是绳柄与绳体之间的连接装置，它像一个信息中枢、像一个转换器，控制和传达着人和绳的相互作用力，确保打地和绳子扬起时的线条。综上可知，绳子虽小，“五脏俱全”，看似不引人注意的绳子却有深深的学问。

如今市面上常见的绳具功能、特色、色彩、材质各异，可谓五花八门，琳琅满目。从绳具材质的角度来看，人们使用频率较高的绳包括珠节绳、胶绳、钢丝绳、棉绳、无绳跳绳、LED

发光绳等。下面会简要介绍其中几种材质比较有代表性的绳子。

1. 珠节绳

珠节绳也常常被称为竹节绳，远看像是珠子连成串穿起来的，也像是一节节的竹子整齐排列而成。珠节绳是通常人们印象里颜色最鲜亮最丰富的，也是入门花样跳绳时最常选用的。因为这种材质的绳子有明显的优点——手柄较长，适合训练多种动作和技巧的花式跳绳；色彩有多种可选，尤其是儿童跳绳的颜色更是明亮活泼；绳体有一定的重量，但由于是塑料珠子，打到人身上也不会过于疼痛；而且绳子不会缠在一起，不论老人小孩都易上手。当然，每个产品，每种绳子都不会是完美的。珠节绳的缺点也很明显，由于它由塑料珠节组成，塑料在温度过低或者过高时都不具备很强的耐受性，便呈现出易折断的特性，因此不够耐用。同时，它的重量与其他比如胶绳、尼龙绳相比，会更沉一些，因此风阻有些大，在刮风天气或者使用者用力不足时，不能轻快甩动。

2. 胶绳

胶绳是用含有 PVC 或 TPU 成分的塑料制成的，通常半径在 3.0～5.0 毫米范围内，优点是价格低廉，质量偏轻，无论完成常规跳绳还是花样跳绳都可以借助胶绳，缺点是在快速跳绳时，绳体会变形拉长，且易卷曲；尤其在气温较低时，塑料绳容易变硬折断。如果在冬天使用，可以用前先放热水中浸泡一会儿再拿出。

3. 钢丝绳

钢丝绳适用于专业运动员速度跳绳训练和比赛，绳管内里包裹着多条细钢丝，质量轻，因而转动速度快且不会打结，但打在身上会很疼。通常钢丝绳手柄比较短，不适用于单人或多人进行花样跳绳。同时，钢丝绳损耗也快，不耐用。

4. 棉绳

棉绳是最早应用的一种绳子，材料简单、价格低廉、外观一般，通常在跳跃的时候比较笨拙，而且很容易弯曲，不过棉绳的磨耗和抗磨能力更强。

棉绳是最早被用在人类生产生活领域的绳索类型，棉绳价格低廉，质感柔顺亲肤，但使用一段时间后线容易磨损、毛躁、变形。除上面介绍的几种跳绳外，还有一些多功能跳绳，如计数跳绳、计时跳绳、卡路里跳绳、练习力量的加重跳绳等。

(二)安全注意事项

运动是为了身心健康，需要在保障安全的前提下科学、规律地进行。对于跳绳来说，需要注意的安全事项主要有下列几项。

(1)穿着柔软、宽松、方便运动的服装，最好是运动服跳绳。鞋子也建议最好选择合脚、有弹力、质地偏软的运动鞋，高跟鞋、凉鞋、皮鞋不适合跳绳或其他运动。

(2)跳绳运动考验人的心肺功能，还有四肢的耐力与协调。在跳绳开始前需要认真耐心，还要做到精神放松。尤其是调整呼吸，放松肩颈、头脑、手臂和腿部。可以活动一下脚踝、手腕和膝盖关节，避免跳绳过程中扭伤或四肢过于僵硬。准备充分是有效运动的必要条件。

(3)切记不可勉强，不可心急，任何运动都要讲究科学，循序渐进。不可为了所谓的速成健身效果,不顾个人的身心素质,盲目坚持或者挑战剧烈跳绳。

(4)选择开阔、平坦、没有污染排放,地面软硬适中的场地跳绳。运动的草坪、橡胶地操场或室内木地板的运动场地比较适合跳绳。

(5)跳绳前和跳绳过程中注意四周是否有行人,注意不要打到陌生人,或者被他人的绳子误伤。

(6)选择合适的跳绳时间。建议在饭前或者饭后至少消化半小时后再开始跳绳;考虑室外运动时的天气状况,暴晒高温、雨雪地滑、闪电、雷暴、冰雹等极端或恶劣天气或发生自然灾害时,为了人身安全,不建议外出跳绳;考虑个人跳绳前和跳绳时的身心状态,是否有心脑血管疾病、心脏不适、感冒发烧等不适合运动的状况。

二、花样跳绳的基本要求

(一)绳具的选择

对于跳绳者来说,合适的绳子是非常重要的,如跳短绳,合适的绳长可以让手臂处于正确的位置,实现“力量节省化”,跳出更多更难的花样动作。初学者短绳长度可以用以下方法确定:以两脚并拢踩在绳子中间,两腿伸直,两手握绳拉直,绳柄末端于腋下为最合适长度,随着跳绳技巧能力的提升可适当地缩短绳长。

1.绳具的长度

绳的长度还要根据所跳花样及不同技术阶段来进行调节,如花样绳一般比速度绳稍长;随着跳绳者动作熟练程度及跳绳水平的不断提高,可以选用稍短一点的绳子,以便跳得更快及跳出更难的花样动作。

2.是否容易卷曲

选择绳子的另外一个非常重要的因素就是绳子是否容易卷曲。好的绳子不容易打卷,摇动时能够保持饱满的弧度,同时给跳绳者最大的跳跃空间,不容易缠脚,可以增加跳绳成功机会,减少失误。

3.根据绳柄

最后一个需要考虑的重要因素就是绳柄的设计。首先,绳柄的长短、粗细要适中,外形漂亮,手感舒适;其次,绳柄与绳体的连接处旋转要顺畅,容易控制绳子的速度及形状;最后,绳柄应容易拆卸,方便调整绳子长度。

(二)服装的选择

跳绳时尽量选择宽松舒适、面料柔软、有弹性、透气性好或者有速干功效的运动衣,并搭配舒服合脚的运动鞋。时装、制服、家居服、牛仔衣等日常其他场合的衣服并不适合运动时穿。建议女士跳绳时穿运动内衣,减震舒适,能够增强运动效果,并让身心更舒适。另外,对于衣服的选择,也要结合季节气温和实时室温。

(三)音乐的选择

花样跳绳选择的音乐应带有较强的节奏律动。一方面大家要根据自身的锻炼水平循序渐进,一开始不要选择极快的或者旋律频繁变化的音乐,由简到难、从慢到快;另一方面,真正能和自己内心产生共鸣，选择自己喜欢的音乐类型，不论是摇滚、流行、R&B、古典、爵士、电子、民谣还是其他什么类型，想要跟随它运动的音乐往往是最适合自己的。总体而言，音乐的节奏、速度要契合自己的呼吸规律，不可过快或过慢，最好是自己熟悉的、喜欢的旋律；同时要考虑自己的跳绳水平，是初学者，一般爱好者，进阶水平还是专业运动员水平，根据水平的不同可选择训练或表演的音乐。

（四）场地的选择

花样跳绳的场地需要开阔、平坦，地面软硬适中，最好有弹性。过软的泥土地、过硬的水泥地、废弃污染物如烟尘浓度高的地方不适宜跳绳，以免长时间会对人的心肺还有膝盖、四肢造成不可逆的损伤。

跳绳运动员可以用跳绳垫（比如瑜伽垫）或者简单的跳绳平台，这样可以防止自己的身体和地面受到伤害。儿童简易跳绳台通常是长 1.8m、宽 0.9m，厚 2.2～2.6cm 的木板。成人则为长 2.4m、宽 1.2m、厚 2.8～3.3cm 的木板。

（五）呼吸要求

跳绳属于有氧运动，而有氧运动的核心就是掌握正确有效的呼吸方法。最基本的要求是用鼻子吸气，用嘴巴呼出，并维持一定的呼吸频率，这样不容易迎风咳嗽、呛到或缺氧，也有助于平稳、有效、安全地进行运动。另外，跳绳时尤其是初学者，尽量让动作去配合呼吸，可以开始时两次或三次跳跃呼吸一次，慢慢形成自己的节奏，等熟练了再慢慢加速跳绳并调整呼吸频率。切记感到缺氧头晕、肺部或心脏难受时不要勉强坚持，不可憋气或大口喘气。另外，在跳绳开始前需要全身热身放松，调整好呼吸再开始。运动结束后也不建议立刻躺下或坐下，可以慢走、瑜伽或者拉伸放松肌肉，同时调整呼吸。

第二节　实践阶段之体验花样跳绳

花样跳绳可以作为日常休闲娱乐、健身运动活动，也可以作为专业的竞技运动项目。作为专业竞技运动项目的花样跳绳实践，讲究技巧性、观赏性与艺术性的有机结合，考验运动员的体能素质、心理素质、竞赛经验以及团体的默契配合。

一、花样跳绳的日常训练

（一）花样跳绳训练的基本特点与原则

凡事都有其“道”，也就是本质的规律，有规律便一定有方法。了解花样跳绳训练的规律，掌握正确的训练方法，这是在竞技中取得胜利的基础。

1. 花样跳绳训练的特点

(1)时间灵活性

花样跳绳训练的一大特征便是它具备时间的灵活性。一方面，花样跳绳需要的道具只有绳子，简单方便，易于携带，购买和维护成本低，因此受到广大运动爱好者与专业运动员的青睐，在传承和弘扬民族花样跳绳文化方面也有很大的促进作用。另一方面，相比于器械运动或者球类运动需要固定的场地，花样跳绳几乎不受到场地的约束，只要平坦、开阔、地面软硬适中的场地即可。这两点因素决定了花样跳绳的训练时间可以灵活安排。比如学生可以在放学、下课、大课间、寒暑假进行锻炼，每天也不需要占用太多时间，半个小时到一个小时即可；例如上班工作的人群可以在晚上下班、周末、节假日进行锻炼；中老年和儿童也可以根据自身的身体状况进行灵活安排。

(2)项目多样性

花样跳绳的项目丰富多样，首先体现在它有初级、进阶、高阶甚至自由创编的技巧，有适合不同训练水平的动作和项目；其次，花样跳绳有个人竞技项目和团体竞技项目，常见的技巧动作包括基本跳、单摇、双摇、前交叉跳、交互绳、长绳以及车轮跳。

2. 花样跳绳训练的基本原则

(1)区别对待，鼓励为主

区别对待的本质是因材施教，也就是根据训练者综合素质和各方面指标的不同制订相应的训练方案；同时训练者要了解自身优势、劣势和技能水平，循序渐进、量力而行。而鼓励为主讲究的是激发训练者的热情和信心。兴趣是最好的老师，而信念是最强大的动力。用鼓励而不是否定的积极正向的方式对待训练者，才更有助于他们取得良好的锻炼效果。

(2)合理安排运动量

合理安排运动量是指依据训练者实际水平制订科学的锻炼方法和计划，并按照效果反馈及时调整。其中要考虑运动时间、强度、运动项目难度、锻炼者的身体素质、心理素质诸多因素。初学者尤其是没有扎实健身基础的人，不可急于求成，要从慢到快，逐渐增加训练强度和难度。

(3)速度训练与花样训练相结合

速度训练是花样跳绳的基石，花样跳绳的技法和艺术表现都建立在掌握一定速度技巧的基础上。在训练的开始阶段，不要急于追求模仿和掌握花样跳法，而是应该踏实掌握好速度项目练习，注重手脚配合，调整呼吸节奏。等熟练掌握速度训练后，再进行花样技巧的学习。

(二)体能恢复

随着科学技术和经济的飞速发展，人们的物质生活得到了极大的改善，进而更加注重生活品质的提高、精神世界的丰富和自身身心健康。同时，网络资讯的便捷改变了人们的工作和生活方式，人们了解到更多的健身项目和方式方法，能够选择的空间更大，对于运动效果和运动原理等科学理论与实践拥有了更多的探索空间和学习欲望。

而谈及运动对于人类身心健康的作用与影响，有个常被人忽略但实际上极为重要的概念，即运动性疲劳。运动性疲劳是一种生理现象，它的机能无法保持在一定的水平，或者无法保持一定的运动强度。尤其是没有受过专业健身和运动指导的普通锻炼者，很容易无意间造成和积累运动性疲劳，严重的话还会对自身机体造成不可逆的损伤。运动后的大量出汗、口渴、无力、肌肉酸痛等现象都属于常见的运动性疲劳。

有运动性疲劳的概念，那么相对的，一定有解决和缓解这一问题的概念，那就是体能恢复。体能恢复是指为消除运动后疲劳所进行的训练。我们日常所说的运动前热身和运动后的拉伸、放松都是缓解运动性疲劳的重要步骤,也可以算是体能恢复的常见技巧。许多人以为浪费时间或者不必要而跳过这些步骤,这是错误的认知和非常不可取的行为。

下面将从训练学方法、心理学方法、生物学方法、睡眠、温水浴等五类常见方法来简要介绍体能恢复的方法。

1. 训练学方法

训练学方法是最有效的、最直接的体能恢复与保存的方式。训练学方法分为运动前、运动中和运动后的方法。运动前讲究选择合适的运动场地、穿着合适的运动服装、选择合适的运动时间,把握好运动前的饮食状况以及最重要的运动前的热身活动。可以采用瑜伽、散步、抬腿、慢跑等方式让大脑和身体调整状态,为运动做好准备。而运动中讲究的是科学的锻炼计划和方式,把握锻炼的时长、强度、项目的难度,合理安排中间的休息时间等。运动后的重点是拉伸、放松和休息。注意运动后不可马上原地停下,或者立刻躺下或坐下,要给身心一个缓冲和适应的时间。

2. 心理学方法

常见的心理学方法比如正念、冥想,可以听舒缓放松的音乐,或者利用瑜伽的方式缓解运动者的心理压力,形成积极、轻松、平静的心理暗示。

3. 生物学方法

最常见也是最直接有效的生物学方法便是按摩推拿。这是消除运动疲劳、缓解肌肉紧张和酸痛的常用方法。在日常的养生和训练中还可以辅助以针灸、热敷、理疗、正骨、刮痧、艾灸等方式。运动后不建议马上按摩推拿,最好先休息恢复体力,几个小时后再开始按摩,每次按摩时间最多在一个小时之内,按摩后不可受凉,过几个小时再洗澡。

4. 睡眠

充分的睡眠是最天然的体能恢复方式,这是人类身体本身在长期演变和进化中形成的恢复机制。入睡时间最好在晚上十点半左右,睡眠保证八个小时,睡眠时间过短或者过长都不宜达到运动锻炼的效果,更无法充分缓解运动所带来的疲劳感。

5. 温水浴

剧烈运动后会产生大量的乳酸,可以通过温水浴来减轻身体的疲劳。温水不仅能促进血液循环、扩张血管、促进血液循环、促进新陈代谢、加速肌肉中酸性代谢物质的排出,还能促进汗腺的分泌,从而松弛肌肉。在温水浴之前,可以选择适当的饮食,也可以选择在餐后进行温水浴,水温一般在38～42℃左右,持续10～20分钟。

此外,涡流浴、桑拿浴等各类保健浴,对消除疲劳都有一定的积极作用,但要掌握正确的入浴方式,做到适度即可。

(三)科学饮食

无论是花样跳绳还是其他高强度运动,运动后都需要补充营养来恢复体力。但饮食需要注重营养搭配、食物的酸碱平衡,并且不宜运动后立刻进食,更不宜暴饮暴食,否则反而损伤身体。

1. 根据运动内容进行饮食搭配

运动后的最佳补充方式是补充营养和精力，可以补充身体在运动后因疲劳而流失的维生素和矿物质。运动后要注意多吃一些富含营养和容易消化的食物，同时要多吃碱性的蔬菜、水果等，还可以根据不同的运动项目来调整营养物质，从而帮助身体恢复，消除运动疲劳。

中国营养学会根据中国人的饮食习惯，制定出一个合理的成人膳食结构，具体包括：肉、蛋、奶、肉类、鱼类、植物油、豆类、谷物、薯类等。食品中含有多种营养物质，只有科学地搭配，才能使膳食平衡，满足人体对营养的需要，从而使身体和精神得到充分的发展。

花样跳绳运动非常消耗体力，建议进食肉、蛋、奶以补充蛋白质和必要的其他营养。适量的蔬菜、富含维生素成分的新鲜水果，加上清淡、少量的主食是最佳组合。也可以选用口服维生素 B、C、D 等元素的补剂，或食用蛋白粉来补充营养。

2. 饮食保持人体内酸碱平衡

人体的体液是弱碱性的，当人体的糖类、脂肪、蛋白质大量分解时，会产生乳酸、磷酸等酸性物质，从而导致肌肉、关节酸胀、精神疲劳。因此，锻炼后要多吃水果、蔬菜、豆制品等碱性的食品，以维持体内的酸碱度基本平衡，尽量减少锻炼引起的疲劳。

3. 跳绳后不要立即饮用大量的水

剧烈运动后会出现口渴的症状，主要是因为运动时出汗比较多。在口干舌燥的时候，在锻炼后马上大口喝凉水，虽然感觉解渴，但是却对身体有害，这是很不科学的。由于运动的时候，身体的血液循环会加速，身体各部分的体温都会比平时高，如果喝太多的冷饮，会导致肠胃的收缩，从而导致腹部疼痛。

最好是稍微休息一下，让自己的脉搏恢复正常，擦干汗，然后再喝水。水温也不宜太高或太低，一般以低于人体 5～10℃为宜，更易于消化。

（四）跳绳运动常见损伤

1. 胫骨骨膜炎

胫骨骨膜炎是由于不正确的锻炼引起的局部组织损害，这种情况在初学者特别是青少年中比较普遍。在跳绳过程中，由于前脚着地，小腿肌肉连接点会被不断地拉扯，由于身体的重力和地面的反作用，导致骨膜血管扩张、充血、水肿、骨膜下出血。

胫骨骨膜炎初期不需要进行特别的治疗，可以用弹性绷带包扎小腿，多锻炼、多休息，六周左右即可痊愈。如果经常出现剧烈的疼痛，一定要立即就医。

2. 脚踝扭伤

扭伤了脚踝需要注意伤情的严重程度。一般来说，脚踝运动的时候会感觉到疼痛，但是不会很严重，主要是因为软组织的损伤。活动脚踝时出现剧烈疼痛、不能站立、不能挪步、骨头上疼痛、扭伤时有声响、伤后迅速肿胀等都是骨折的症状。

而针对轻微的脚踝扭伤，治疗的办法有热敷和冷敷两种。虽然都是物理治疗，但在治疗的方式上却有着天壤之别。血液因热而生，因寒冷而凝结，应根据科学原理，结合自身情况选择热敷或者冷敷，建议在医生的专业指导下进行。

3.绳子抽伤

绳子抽伤主要是因为绳索的长度不够好，不能使用正确的摇绳方式，或者不能协调好摇绳和跳绳的节奏而导致的。轻微的擦伤必须消毒，甚至是包扎；严重的抽伤需要及时就医，避免留下疤痕和后遗症。

4.髌骨劳损

髌骨劳损是由于长期处于膝盖（特别是半蹲姿）的重压或反复的微小损伤累积而导致的，其原因是髌骨受到了外力冲击或者股四头肌的剧烈拉扯，在经过多次的运动训练后会出现膝盖酸软无力的现象。膝关节的酸痛随损伤程度的增加而增加，特别是在半蹲状态下。

为了防止髌骨劳损，需要在每次锻炼后进行单腿半蹲测试，以便及时发现并及时治疗；锻炼后要及时擦汗，保持身体的温暖。如果出现这种征兆，可以采取高位静坐半蹲，但要注意正确的手法；紧急情况下可以采取理疗、针灸、中药外敷、直流电导入等治疗方法。

5.心率过快

心率加速是由于身体素质差或者剧烈运动所引起的。通常在剧烈的运动后，会有心慌胸闷的症状，会引起心率加快。如果不是心脏方面的问题，可以在适当的时间内通过适当的休息来恢复，如果有心脏方面的问题，一定要及时到医院进行治疗，同时也不推荐有心脏病的人进行剧烈的运动。

（五）突发状况的原因与预防

1.练习方法和运动量不当

跳绳者尤其是初学者在起跳和落地时，如果不能很好地控制自己的重心，不能很好地控制自己的下肢、膝盖、足踝、足部的协调和缓冲速度，就会产生很大的反作用，导致踝部和足屈肌的持续强力收缩，使局部胫骨承受过大的负荷，从而导致胫骨骨膜过度疲劳。

在进行运动时，要注意运动员的年龄、性别、运动水平和身体的健康情况，要合理地安排运动的数量和强度，并对容易受伤的运动进行预防。

2.运动场地不合适

虽然花样跳绳基本上不受运动场地的限制，室内室外都可进行。但对于运动场地的选择还是要遵循科学原则，选择平坦、开阔的地方。如果是太过松软的泥土地，太过光滑的瓷砖地板，还有下雨、下雪天湿滑的地表，都容易造成跌打扭伤。太过坚硬的水泥地同样不适合跳绳或其他体育锻炼，因为硬度过大的地表无法给到身体跳跃的缓冲，无法减少地面对身体的反向冲击力，从而容易造成运动损伤。并且注意附近是否有行人路过，或者进行其他体育锻炼的人，注意避开行人和人群，以免误伤。

3.准备活动不充分

准备活动对于运动非常重要，例如抬腿、深呼吸、慢跑、散步、瑜伽、拉展运动、太极等方式都是极佳的选择。做好准备活动才能让大脑和身体各部位接受准备的信号，从而调整肌体的适应性和大脑的兴奋度，提高运动效率，达到理想的运动效果。

4.医务监督缺乏

专业的运动员都配备有医疗团队，学校也都配备有校医，无论是对常规体检、营养搭配、运动疲劳修复还是对运动康复都是十分必要的。普通锻炼者和运动爱好者或许没有这样直接的资源和团队，因此更要注重自身运动的安全性，遵循科学训练原则，学习和了解相关的预防和治疗措施。最重要的是，发现在运动过程中，或者运动后有不良反应、身体损伤等情况，及时就医。

二、花样跳绳的高校教学

花样跳绳作为历史悠久的中国传统体育项目，从传统的民间娱乐活动演变而来，结合了舞蹈、音乐、竞技、表演等多种元素，并且已经成为当代较为有代表性的非物质文化遗产项目。学习和传承这样优秀的体育运动对于当代高等教育是十分必要的，这也是近些年来花样跳绳越来越融入高校教学和校园生活的重要原因。而花样跳绳的许多动作和技巧没有准确系统的文字传承，需要专业教师或者民间有经验的艺人言传身教。同时花样跳绳作为当代高校体育课程中一项备受师生青睐的学习项目，也形成了一套适合其发展的教学原则、教学阶段和教学方法。下面本书就将从这三个方面切入，简要讲述高校花样跳绳的教学。

（一）花样跳绳的教学原则

教学原则是经过多年的教学实践而形成的一种具有普遍性的经验总结理论与总结，是教师在教学活动中应遵守的一项基本法则。深入了解和应用教学原则，对保证花样跳绳教学的顺利进行，提高学习学习效果，激发学生了解和传承这一传统运动的热情起到关键作用。同时，把握正确的教学原则可以促进教学效果的达成，对增强学生体质，培养师生良好互动也有重要的影响。

1.快乐学习原则

快乐成长是每个学生的心愿，更是教师和家长的心愿。花样跳绳从民间娱乐发展而来，其趣味性和娱乐性被完整保留，这也是吸引众多体育爱好者接触和尝试花样跳绳的起因。对于高校的花样跳绳教学也是如此。教师应该把握快乐学习原则，带领学生在玩中学，在学中玩，通过不断的尝试，以游戏、练习和讲解的方式让学生掌握跳绳动作的要领。此外，适时的鼓励也是非常必要的。尤其对于生性严谨、内敛胆怯的学生，教师的鼓励是莫大的肯定，会使得他们建立对自我的信心，从而更加激发起对花样跳绳学习的热情。

2.直观性原则

花样跳绳动作技巧讲究速度和美感，需要手脚、呼吸的配合，在团体比赛训练中也要考虑到团队的分工和默契。花样跳绳的教学应该贯彻直观性原则，如采用示范、图像、网络课程、视频等多种形式，结合互联网产品和信息技术，为学生们展现跳绳运动的丰富多彩与生动有趣。

花样跳绳绳具的选择、基本技法、进阶与创意技巧等知识与实践，都需要直观生动的展现才能建立学生们对其感性与理性认知，从而提高学生的学习效率，有助于发挥学生的运动水平。教师们可以结合动作示范、镜面或背面动作拆解等方式，运用直观性原则带领学生深入系统学习花样跳绳。

3. 循序渐进原则

花样跳绳有其自身的系统性，在教学安排中，应根据人体动作技能的形成规律正确安排教学内容、进度、方式和运动负荷等，要做到逐步深化，由简入繁，由浅入深，由少到多，循序渐进，使学生全面学习，获得系统的知识。

因此，必须合理安排运动量，合理制订教学和锻炼计划，充分考虑运动强度、动作难度与学生接受度、身心素质中间的平衡。教师需要细心观察学生的动作、神态和身体状况，并且主动、及时和学生沟通，打消学生的疑虑，解决学生学习中的具体问题。

4. 从实际出发原则

从实际出发原则需要综合考虑场地、天气、学生人数、人员身体状态、绳具、服装等因素，更重要的是做到“因材施教”，根据不同身心素质、不同性格能力以及学习能力的学生合理规划教学方案，这样才能保证花样跳绳的有效教学。

5. 巩固提高原则

运动需要形成肌肉记忆和心理反应的条件反射。任何一项技术和技能的掌握、巩固和提高，都是大脑皮层动力定型的结果。任何练习和习惯都是对抗遗忘的方式。不能及时巩固，就会忘记所学的东西，失去动力，从而导致体能的退化。所以要“温故而知新”，在巩固中不断提高，巩固和提高双管齐下。此外，要合理运用举一反三，融入游戏、比赛、艺术和表演等方式引导学生学习，进一步巩固和提高所学动作技术、技能。

6. 互动配合原则

团体花样跳绳可以培养学生合作、组织与反应能力。团体的训练和表演，就像一次自由发挥的“小组实践”，每个成员各司其职，并与他人产生互动和联系，甚至收获友谊与成长。教师应该在日常教学中引导学生积极地展现自我，保持互动沟通，学会与他人合作配合。

（二）花样跳绳的教学阶段

动作技能的形成大致经历三个阶段，即初步建立动作概念阶段、改进提高动作质量阶段和巩固提高动作技能阶段。相应的，根据花样跳绳动作的特征、动作结构及技术要素，可将教学过程分为入门阶段、巩固阶段和提高阶段。

1. 入门阶段

入门阶段的学生大多没有花样跳绳的学习经历，甚至自身没有健身习惯，对于花样跳绳的动作、理论都需要从头建立。激发学习入门的兴趣、树立学生的信心、规范学生的基础动作习惯是这一阶段的重点。

教师可以运用示范教学和多媒体教学结合的方式，通过观看动作演示和录像，使学生养成良好的动作习惯，强化基础训练，提高绳感，降低不必要的紧张情绪，避免出现明显的失误。

2. 巩固阶段

巩固阶段的学生已经基本掌握了摇绳、入绳方式，对于手脑配合、四肢协调已经具备了一定的经验技巧。这一阶段需要引导学生循序渐进地接触花样跳绳中单人跳绳和团体跳绳的花样，应该注重动作拆解和耐心讲解，带领学生们多加模仿和练习。

3.提高阶段

提高阶段的学生已经掌握了单人跳绳和团体跳绳的常见技法，能够做到理论和实践的有机结合，对于运动中产生的失误、意外也能及时反应和应对。这一阶段教师应该注重引导学生完善和优化动作细节，优化肢体美感，增强观赏性，并且培养学生的团队合作能力。

(三)花样跳绳的教学方法

无论是教学、学习、研究，对事物的探索都会随着时间的推移而总结出规律，找到合适的方法。常见的花样跳绳的教学法有语言法、直观法、完整法与分解法、游戏与比赛法等，教师可根据自身教学方式偏好，结合实际情况，灵活选择和应用。

1.语言法

眼睛是心灵的窗户，语言更是心灵的镜子。语言是人与人之间沟通的桥梁，是信息的载体。优美恰当的语言表达会为教学增色不少，能够传达知识、情感，启发学生探索、表达与交流，甚至达到事半功倍的教学效果。语言法包括讲解、提示、评价等。

讲解是语言教学法的最主要和最普遍的手段，教师的讲解要言简意赅、形象生动、深入浅出，引人入胜。可以将肢体动作语言、情感情绪和讲解的要点有机结合，向学生准确传达信息，起到启发和传授的效果。

提示是指在学生练习的过程中，教师用简短的语言或专业术语来强化正确的动作要领及注意事项。如在练习中提示学生“手交叉”“腿到位”“转体”等，提示要及时，声音要洪亮。

评价是指教师对学生完成动作的质量进行口头评定。教师应注意自己的言辞，尊重学生人格，维护学生的自尊心，在实事求是的基础上做到及时鼓励、大胆肯定，尤其对性格内向敏感的学生要展现热情和亲和力。

2.直观法

直观法注意调动学生的感官，采用视听结合、动态视觉刺激的方式为学生展现形象立体的知识与技巧。教师可以采用动作示范、视频教学、图像、观看体育赛事、知识问答等方式为学生展现丰富和细致的动作动态，引导学生掌握正确的理论与实践要点。

3.完整法与分解法

完整法是一种全过程的教学法。在一些技术相对简单但不易拆分的项目上，比如直摇跳、滑雪跳等简单的单摇类花样动作常采用完整法。

分解法是把整个技术动作按照其结构分成若干个小段，然后逐渐掌握各个小段的技术动作，使之衔接，使之完全掌握。它的优势在于减少了困难，加速了过程。同时，简化了复杂技术，增强了学生的自信心。例如，交互绳技巧动作，可以在绳子外面进行拆解，然后在绳子里进行试验。

4.游戏与比赛法

游戏与比赛法，顾名思义，是教师结合游戏、比赛的趣味元素，合理将花样跳绳的动作技法与创意游戏、比赛的形式相结合，带领学生在玩中学，在学中玩，在潜移默化中高效掌握知识和技巧。游戏与比赛法有利于为学生创造友好、轻松和愉快的学习氛围，培养学生勇于探索、独立自主、顽强拼搏的精神品质，为巩固和提高学生学习成果提供合适的方式。

第五章　花样跳绳不同难度的技巧

跳绳创造了一个奇妙的世界，它是用一根绳玩出的创意，是一个人用身体玩出的"魔术"，吸引着人们的目光。跳绳可以在身体的单侧运动，也可以在身体的前后、左右运动；跳绳可以成为个人的运动，也可以有创意地让所有的人都参与其中。下面将就花样跳绳的技巧从初级、中级和高级三方面展开阐述。

第一节　花样跳绳的初级技巧

一、跳绳初体验

在绳舞飞扬中，技能的多样性和健全的人格是必不可少的，不同的人会跳出不同的动作，因而跳绳也千姿百态。在不断地锻炼自我、完善自我和超越自我的跳绳中能培养顽强的意志，跳绳奇妙的世界，因你而不同。

（一）熟悉跳绳运动

熟悉跳绳要从认识绳和绳的运动轨迹出发。绳是一种软器械，运动起来可以变成"硬"道具，创造固定的、特定的运动空间。绳可以变形，比"硬"器械更有型，不会像使用大型器械一样存在场域、空间的限制，节奏、花样、频率可以由使用者自主支配。正是绳的多变性，给跳绳运动带来如此多彩的花样。跳绳创造了人与绳共舞的空间，创造了人与人共舞的节奏，创造了人与人协调共跳的想象空间。体操、舞蹈、武术、杂技等其他表演艺术踏着跳绳的节拍也融合进来，使跳绳成为一种综合的艺术。无论单一的速度跳绳，还是综合的花样跳绳表演，都因为其能动和多变让人们轻易地就认识了跳绳，轻轻松松就能参与进来。

（二）难忘的成长记录表

坚持成为习惯，持久造就奇迹，每个初学者在刚接触花样跳绳时往往都会热血沸腾，然而跳绳同其他运动一样，需要体力的消耗和坚强的意志力。小小的成长记录表，能让学生在简单的记录中学会自我激励和有条理的自主学习，让兴趣保持下去，直到成为一种习惯。每完成一个目标，在记录表上就会得到一颗红星或相应的小奖品。通过一段时间的练习，学生知道了只要朝着目标坚持不懈地努力就会取得成功。记录表引导着学生自主而快乐地学习。

记录表可以成为教师了解学生的窗口，打开这扇窗让我们清晰地看到每一个学生的发展。根据学生的不同情况，教师采用有效的方法有针对性地进行评价、引导，多使用激励性的语言，这样既发挥了教师的导向作用，又能够使学生记录自己的进步和变化，有利于他们树立信心，养成运动的习惯，同时，作为及时的教学反馈，也有助于教师加深对学生的了解，适时调整教学进度和方案。

记录表可以成为家校互动、沟通的纽带。家长是重要的教育资源，也是学生在家庭教育中的重要引导者。发挥家长的积极作用，可以让家长根据记录表了解自己孩子的学习情况，看到自己孩子的进步，也起到督导作用，帮助孩子养成良好的运动习惯。

（三）跳过绳的秘诀

绳虽是软器械，但不同的用力方向和用力大小都会给绳形成相对可控的节奏和速度。只要掌握了绳的运动规律，踏准绳的节奏，就可以轻松地跳过绳。一般的跳绳都会形成一个上下、前后或左右的运动空间，绳朝着固定的方向运动。一般情况下，绳子需要运动360°，即一整圈。当绳子从眼前离开，打地到空中，再到打地有一整圈的时间可以进行各种活动，而跳过绳的秘诀就是要把握绳子打地过脚的那一时刻。也正是绳子有一整圈的时间，绳子的运动空间可分为上半空和下半空。当绳子在身体上空时，脚下可以做其他动作；而绳子打地即处于下半空时，手可以做各种动作。花样跳绳的花样一般把握两个时机：一是利用绳子上升时手、绳、脚的各种变化产生多变的花样动作；二是利用绳子下降时手、绳、脚的各种变化产生多变的花样动作。绳子是软道具，利用绳的运动惯性，这些瞬间变化的动作就会产生神奇的视觉效果。进出绳同样要遵循绳运动的规律。

（四）万一出错怎么办

绳子是软道具，既是玩具，也会成为伤人的“凶器”。当跳绳出错时，最简单的办法就是停下来，重新开始。

一旦出现失误，接着继续，不但不能成功，还会把自己绕住，或绊倒，甚至抽打到自己。例如，在集体绕“8”跳绳时，一个人出错，后面人接着冲进来也无法继续，摇绳者试图弥补也无济于事。所以，在跳绳中出错时，无论跳绳者还是摇绳者，都必须停下来重新开始，以免造成新的伤害。

二、停绳练习

停绳是跳绳动作结束或改变跳绳方向时的常见动作。

（一）脚下停绳

动作方法：完成跳跃后，双臂向两边伸开，绳子继续摇到脚下时停下，双脚前脚掌先落地然后带领全脚踩实地面，动作结束。

（二）胸前停绳

动作方法：完成跳绳后，双臂向两边伸开，大臂带动绳子放慢速度，让绳子渐渐在身前停下。

三、协作练习

（一）带人跳

1. 动作方法

带人者持绳，两人协调配合，绳子同时过两人身体即为完成一个动作，两人可面对面站立，也可同向站立，跳绳者可位于带跳者体前或体后，可同跳、单摇跳或双摇跳。

2. 动作要领

节奏一致，相互配合。

3. 自我评价

可以自制评价表，以便把握自身的运动情况。可按连续跳绳次数来，也可按规定时间内的跳绳次数制定标准。

（二）两人协同单摇跳

1. 动作名称

两人协同单摇跳，又名并排跳。

2. 动作方法

两人并排站立（同向或异向），各握一绳柄，同时摇动绳子绕体一周，跳跃过绳。

3. 动作要领

两人节奏一致，相互配合。可从同向并排两弹一摇并脚跳开始练，过渡至一弹一摇并脚跳、踏步跳，熟练后可练习并排双摇跳。

（三）两人两绳交叉并脚同步单摇跳

1. 动作方法

两人并排站立，交叉握绳子一端把柄，两人同时摇动并且同步起跳，此动作称为两人两绳交叉并脚同步单摇跳。

2. 动作要领

两人保持节奏一致，交叉的绳子不可打结。

第二节　花样跳绳的中级技巧

一、单绳难度拓展

（一）勾脚点地跳

1. 动作方法

在基本摇绳动作的基础上，摇绳过脚后，一脚全脚落地的同时另一脚向前，脚跟落地；下一次跳跃过绳后，双脚并拢。双脚依次进行，重复动作。

2. 动作要领

（1）手臂保持基本摇绳姿势，上体保持直立。

（2）前脚勾紧脚尖，让脚跟轻点地面，重心在支撑脚。

（二）前后转换跳

1. 动作方法

从前摇绳基本跳开始，两手握住绳子两端绳柄，绳置于身后，由后向前摇动绳子，当绳子运行至头顶时，一手从身前并向另一手，两手绳子在一侧身体打地并顺式转身 180°，然后两手打开，绳子经头顶向后通过脚底，做后摇跳动作。

2. 动作要领

(1)在侧击地操作中，绳子沿着一条圆弧的轨迹运行。

(2)转身动作与侧打地动作协调一致。

3. 重点和难点

转身动作与侧打地动作协调一致。

4. 易犯错误及纠正方法

跳绳者在侧打地时也跟着跳起来，侧打地动作与转身动作脱节，不能协调一致。

纠正方法：反复练习跳前单摇绳加一个侧打动作，熟练后配合转身。

(三)前后打

1. 动作方法

前后打，即绳子不过脚在身体前后打地的动作。双脚开立，与肩同宽，双手握绳柄从右向左荡绳至左脚斜前方 45°时双手往身体右斜后方摇绳，绳子经头顶到达身后，绳子在背后打地的同时转动身体，绳子从右往左荡，荡至左脚斜后方，双手往身体右斜前方摇绳，这样就完成了一次向右前后打绳过程，另一侧动作方法相同，方向相反。

2. 动作要领

(1)两个过绳：左侧(右侧)斜前方 45°从头顶过绳；左侧(右侧)斜后方 45°过绳。把握两个过绳角度即可完成。

(2)打地与转身的动作协调：绳子打地后顺势转身，使绳子紧贴地面运行，保持绳子饱满的弧度。

(3)手腕与腰部的动作协调：此动作讲究中手腕力量带动手臂摆绳，腰部的协调配合可使绳子运行顺畅。

3. 重点和难点

绳子打地与转身的配合非常关键，打地后没有转身可能会使绳子打结，过绳的角度决定着是否能顺利过绳。

4. 易犯错误及纠正方法

(1)过绳角度不到位：正确的过绳角度是斜前方 45°和斜后方 45°，角度过大或过小都容易出现绳子缠绕打结或者使人绊倒的现象，从而降低动作的完成率。

纠正方法：先模仿练习，再重复动作练习。

(2)动作过程中手臂摇动幅度过大，手腕与腰部没有正确发力，没有做到配合协调。

纠正方法：两手用力均匀，手腕与腰部配合，尽量缩小动作幅度。手腕带动双臂适当用力，腰部跟随手腕的力度和节奏，尽量缩小动作幅度。

5. 教法提示

(1)两腿自然站立，两手分别持绳柄于身体两侧，身体向左旋转 45°，绳子置于左侧斜前方 45°。

(2)两手用力朝身体后方摇绳,绳子经过最高处到右后侧脚踝处。

(3)打地同时,身体向右转体 90°,绳子至左侧脚踝处。

(4)两手发力,向前摇绳,绳经头顶至右前侧脚踝处。

(5)打地同时,身体向左转体 90°,绳子回到原位,重复进行。

二、组合动作拓展

(一)快乐绳操

1. 创编说明

本套绳操是由绳的摆动、缠绕、折叠等基本动作组成。通过绳操主要让学生熟悉软器械的功能和运动规律,同时结合身体关节运动,达到协调动作、提高兴奋性的功能。通常绳操可在跳绳课程或体育活动热身时进行。

快乐绳操要点提示:

(1)快乐绳操共 8 节,由 8 个不同的主要动作构成。每节动作有 4 个 8 拍,共计 32 个 8 拍。快乐绳操强度适中,做整套操大约需要 4 分钟。

(2)快乐绳操在个人完成的基础上,可以集体进行演练。动作要准确,节奏要一致。

(3)快乐绳操需要自配音乐,可选用节奏明显、旋律欢快的音乐,每分钟在 128~132 拍为宜。

(4)在基本动作类型不变的情况下,可适当进行队形变换。队形要求合理、流畅、自然。

2. 动作说明

动作一:踏步绕绳(4 个 8 拍)。

准备:绳子四折,握于右手。

第 1 拍:直臂于头上水平绕环,踏右脚。

第 2 拍:直臂于头上水平绕环,踏左脚。

第 3~8 拍:同 1~2 拍,一拍一动,重复进行。

动作二:屈膝前点(4 个 8 拍)。

准备:绳子四折,手握两端。

第 1 拍:右脚前点,直臂前伸。

第 2 拍:收回右脚,双臂前屈,屈膝并立。

第 3 拍:左脚前点,直臂前伸。

第 4 拍:收回左脚,双臂前屈,屈膝并立。

第 5~8 拍:同 1~4 拍,重复进行。

动作三:屈膝后点(4 个 8 拍)。

准备:绳子四折,手握两端。

第 1 拍:右脚后点,直臂向上。

第 2 拍:收回右脚,双臂前屈,屈膝并立。

第 3 拍:左脚后点,直臂向上。

第 4 拍:收回左脚,双臂前屈,屈膝并立。

第 5～8 拍:同 1～4 拍,重复进行。

动作四:屈膝侧点(4 个 8 拍)。

准备:绳子四折,手握两端。

第 1 拍:右脚右侧点,直臂向侧。

第 2 拍:收回右脚,双臂前屈,屈膝并立。

第 3 拍:左脚左侧点,直臂向侧。

第 4 拍:收回左脚,双臂前屈,屈膝并立。

第 5～8 拍:同 1～4 拍,重复进行。

动作五:上步提膝(4 个 8 拍)。

准备:绳子四折,手握两端。

第 1 拍:右脚上前一步,直臂前平举。

第 2 拍:提左脚,双臂前屈,单腿直立。

第 3 拍:左脚上前一步,直臂前平举。

第 4 拍:提右脚,双臂前屈,单腿直立。

第 5～8 拍:同 1～4 拍,重复进行。

动作六:侧步摆臂(4 个 8 拍)。

准备:绳子四折,手握两端。

第 1 拍:右脚向右侧一步,两臂向右摆动成右臂侧平举。

第 2 拍:左脚向右并步,两臂向左摆动成左臂侧平举。

第 3～4 拍:同 1～2 拍动作。

第 5～8 拍:和 1～4 拍动作方向相反,重复进行。

动作七:转体甩绳(4 个 8 拍)。

准备:绳子对折,左手握跳绳手柄。

第 1 拍:右脚向右侧一步,左手向右侧甩绳。

第 2 拍:左脚向右侧一步,向右转体 180°,换右手握跳绳手柄。

第 3 拍:右脚向右侧一步,向右转体 180°,左手抓握跳绳。

第 4 拍:双脚相并,左脚尖点地。

第 5～8 拍:与 1～4 拍相反,重复进行。

动作八:前后转肩(4 个 8 拍)。

准备:绳子对折,手握两端。

第 1 拍:左手在上,右手在下,执绳于体前。

第 2 拍:左手在上,右手在下,向后转执绳于体后。

第 3 拍:右手在上,左手在下,执绳在体后转换方向。

第 4 拍:右手在上,左手在下,向前转执绳于体前。

第 5～8 拍：与 1～4 拍动作相反，重复进行。

（二）跃动绳舞

动作一：左右“8”字绕绳。

第 1～2 拍：两手在身体左侧腰部位置，两手握手柄使绳在左体侧绕圆一周。

第 3～4 拍：两手在身体右侧腰部位置，两手握手柄使绳在有体侧绕圆一周。

第 5～8 拍：同 1～4 拍，重复进行。

动作二：钟摆跳。

第 1 拍：两手在身体两侧腰间，向前直摇跳一次，两脚并跳过绳。

第 2 拍：两手在身体两侧腰间，向前直摇跳过绳落地后，左腿侧踢。

第 3 拍：两手在身体左侧腰间，向前直摇跳一次，左腿收回两脚并跳过绳。

第 4 拍：两手在身体两侧腰间，向前直摇跳过绳落地后，右腿侧踢。

第 5～8 拍：同 1～4 拍，重复进行。

动作三：基本交叉单摇跳。

第 1 拍：两手打开在身体两侧腰间，向前直摇跳一次。

第 2 拍：两手腹前交叉，向前交叉跳一次。

第 3 拍：两手打开在身体两侧腰间，向前直摇跳一次。

第 4 拍：两手腹前交叉，向前交叉跳一次。

第 5～8 拍：同 1～4 拍，重复进行。

动作四：前后打。

第 1 拍：双手在身体两侧，身体左转 45°，绳子由后向前做前打地动作。

第 2 拍：双手在身体两侧，身体右转 45°，绳子由前向后做后打地动作。

第 3～8 拍：同 1～2 拍，重复进行。

动作五：提膝跨跳。

第 1 拍：两手打开在身体两侧腰间，由后向前摇绳，右腿支撑，提左膝，跳过绳子。

第 2 拍：两手保持向前摇绳，右腿向后踢，左腿向前跨，跳过绳子。

第 3 拍：两手保持向前摇绳，左腿支撑，提右膝，跳过绳子。

第 4 拍：两手保持向前摇绳，左腿向后踢，右腿向前跨，跳过绳子。

第 5～8 拍：同 1～4 拍，重复进行。

动作六：扭腰跳。

第 1 拍：两手打开在身体两侧腰间，重心前移，左脚向前落地直摇跳一次。

第 2 拍：保持手臂向前摇绳姿势，重心后移，右脚落地直摇跳一次。

第 3 拍：保持手臂向前摇绳姿势，重心后移，左脚向后落地直摇跳一次。

第 4 拍：保持手臂向前摇绳姿势，重心前移，右脚落地直摇跳一次。

第 5～8 拍：同 1～4 拍，重复进行。

动作七：俯卧撑跳。

第 1 拍:向前直摇跳绳,当绳子过头顶上方时,体前屈下蹲,绳子向前平铺于地面。

第 2 拍:展开身体,做一次俯卧撑。

第 3 拍:收回两腿成体前屈下蹲姿势。

第 4 拍:直立身体,并腿向前直摇跳一次。

第 5～8 拍:同 1～4 拍,重复进行。

动作八:双手胯下交叉跳。

第 1 拍:向前直摇跳绳,当绳子过头顶上方时,两手开始在体前左侧膝下交叉,右腿支撑跳过绳子,做一次抱左膝直摇跳动作。

第 2 拍:绳子过头顶上方时,两手臂打开在身体两侧,并腿向前直摇跳一次。

第 3 拍:继续向前直摇跳绳,当绳子过头顶上方时,两手开始在体前右侧膝下交叉,左腿支撑跳过绳子,做一次抱右膝直摇跳动作。

第 4 拍:绳子过头顶上方时,两手臂打开在身体两侧,并腿向前直摇跳一次。

第 5～8 拍:同 1～4 拍,重复进行。

(三)律动绳操

动作一:侧后摆绳。

第 1 拍:双手放于身体左边腰部附近,绳于左边绕环一圈。

第 2 拍:右手自身前绕到腰的右侧,左手自身后绕到身体右侧腰部,绳于右侧绕环一圈。

第 3 拍:双手放于身体右边腰部附近,绳于右边绕环一圈。

第 4 拍:左手从前面绕到身体左侧腰间,右手从背后绕到身体左侧腰间,绳于右侧绕环一周。

第 5～8 拍:动作和 1～4 拍相同,重复进行。

动作二:敬礼跳。

第 1 拍:双手放于身体左腰处,绳于左边绕环一圈。

第 2 拍:右手保持在左侧腰间,左手从背后绕至身体的右侧腰间,在前后手(右前左后)的摇绳动作下完成一组敬礼跳。

第 3 拍:右手从体前绕到身体右侧腰间,左手保持在身后,绳于右侧绕环一圈。

第 4 拍:两手在身体两侧腰间,向前直摇跳一次。

第 5 拍:两手在身体右侧腰间,绳在右侧绕环一周。

第 6 拍:左手保持在右侧腰间,右手从背后绕到身体左侧腰间,在前后手(左前右后)的摇绳姿态下做一次敬礼跳动作。

第 7 拍:左手从体前绕到身体左侧腰间,右手保持在背后,在绳左侧绕环一周。

第 8 拍:两手在身体两侧腰间,向前直摇跳一次。

动作三:左右侧摆直摇跳。

第 1 拍:两手在身体左侧腰间,绳在身体左侧绕环一周。

第 2 拍：两手保持在身体两侧腰间，朝前方直摇跳一次。

第 3 拍：两手保持在右侧腰间，绳在身体右侧绕环一圈。

第 4 拍：两手保持在身体两侧腰间，朝前方直摇跳一次。

第 5～8 拍：重复 1～4 拍的动作，动作一致。

动作四：侧摆交叉跳。

第 1 拍：两手在身体左侧腰间，绳在身体左侧绕环一周。

第 2 拍：两手腹前交叉（左上右下），交叉向前直摇一次。

第 3 拍：两手在身体右侧腰间，绳在身体右侧绕环一周。

第 4 拍，两手腹前交叉（右上左下），交叉向前直摇一次。

第 5～8 拍：同 1～4 拍，重复进行。

动作五：吸踢腿跳。

第 1 拍：向前直摇跳一次，提左膝，大腿与地面平行，小腿自然下垂，两手在身体两侧腰间，做提膝跳动作。

第 2 拍：两手在身体两侧腰间，向前并脚做一次直摇跳动作。

第 3 拍：两手在身体两侧腰间，向前直摇同时左腿做一次踢腿跳动作。

第 4 拍：两手在身体两侧腰间，向前并脚做一次直摇跳动作。

第 5～8 拍：同 1～4 拍，换右腿做，重复进行。

动作六：左右转后摇跳。

第 1 拍：绳子由后向前打地，两手在身体两侧，身体左转 180°做前打地动作。

第 2 拍：两手在身体两侧腰间，向后做一次直摇跳动作。

第 3～4 拍：同第 2 拍，做连续两次后摇跳动作。

第 5 拍：绳子由前向后打地，两手在身体两侧，身体右转 180°做后打地动作。

第 6 拍：两手在身体两侧腰间，向前做一次直摇跳动作。

第 7～8 拍：同第 6 拍，做连续两次前摇跳动作。

动作七：异侧胯下交叉跳。

第 1 拍：两手体前交叉，右臂贴近腹部伸至左侧膝下（由内向外），左手在右侧胸前，向前做一次左侧胯下直摇跳动作。

第 2 拍：向前直摇跳一次。

第 3～4 拍：同第 2 拍，继续向前直摇跳两次。

第 5～8 拍：同 1～4 拍，换作右侧胯下跳。

动作八：双摇。

第 1～2 拍：双手放于身体两侧腰部，向前双摇跳一次。

第 3～8 拍：同 1～2 拍，向前双摇跳三次。

三、多人协作拓展——跳绳游戏

（一）快快跳起来

1. 游戏名称

快快跳起来。

2. 游戏特点

提高兴奋性，增强反应能力。

3. 游戏方法

多人游戏，绳子的长度以参与人员多少而定。一人执绳，其他人以执绳人为圆心，成圆形均匀分布。游戏开始后，执绳人逆时针（顺时针）甩起绳子，横扫至游戏者脚下，游戏者依次跳起，躲避绳子。被绳子扫到者出列担任甩绳执行人。

4. 游戏规则

（1）执绳人可持 1～2 根绳进行游戏。

（2）绳子经过地方，游戏者需用不同的姿势腾空跳起。

5. 注意事项

（1）执行人需控制绳子的高度，绳子要处于游戏者膝部以下，谨防胡乱甩绳伤人。

（2）身体不适者不宜参与。

（3）绳子碰到或打到游戏者，执绳人必须马上停下甩绳，并换人继续游戏。

（二）穿越隧道

1. 游戏名称

穿越隧道。

2. 游戏特点

提高对节奏的感知能力，增加团队合作精神。

3. 游戏方法

六人左右参与游戏。其中五人按顺序摇绳，剩下的人从中穿过，每一位跳绳者经过时，其他人需要与其一起跳。

依次通过各位跳绳者后，到达队尾后成为最后一个摇绳者；下一位进行穿越，按此顺序，直到最后一个跳绳者穿越，全部人完成跳绳，游戏结束，游戏所用时间最少的队伍胜利。

4. 游戏规则

（1）所有跳绳者要统一节奏。

（2）穿越者应同大家保持节奏一致。

（3）也可采用其他穿越方式，如利用跳绳转动的间隙通过，可不与跳绳者同跳。

5. 注意事项

（1）跳绳速度适中。可以大臂甩绳加大绳子的空间，以便穿越者通过。

(2)身体不适者不宜参与。

(3)绳子碰到或打到游戏者时,必须马上停下甩绳,重新调整跳绳节奏。

(三)剪刀、石头、布

1. 游戏名称

剪刀、石头、布。

2. 游戏特点

提高控绳和反应能力,增加跳绳趣味。

3. 游戏方法

两人或两人以上进行游戏。单绳跳游戏时,用脚做出"剪刀、石头、布"的标识,类似猜拳。两脚并拢站立代表"石头",两脚分开且保持在一条横线上代表"剪刀",而脚一前一后站立代表"剪刀"。

(1)口令:"剪刀、石头、布"。

(2)只能通过脚来做动作,双方同时落地,看哪方胜出。规定时间内累计获胜次数多的为胜利。

4. 游戏规则

(1)在口令期间,应不断进行跳绳。

(2)允许空中改变步伐等做假动作,以落地动作为判断胜负的依据。

5. 注意事项

(1)跳绳速度适中。可有大臂甩绳减缓绳子的速度,增加反应时间。

(2)注意节奏和停绳。

(四)象限跳

1. 游戏名称

象限跳。游戏示意图见图 5-1。

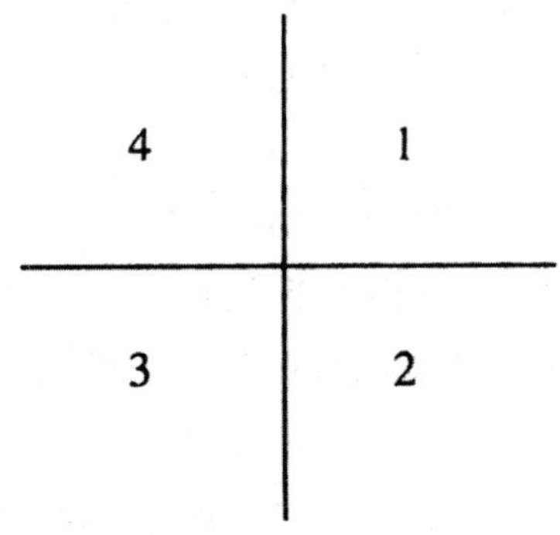

图 5-1　象限跳示意图

2. 游戏特点

提高控绳和反应能力,增加跳绳趣味。

3. 游戏方法

两人或两人以上进行游戏。可以在单绳跳过程中穿插该游戏。一人在跳,同伴跟随,如果失误或不能完成为输，可以不断交换角色进行游戏。

(1)口令："左、右、前、后"。

(2)需要依次跳进相应的象限内，落地判胜负。规定时间内，胜多者为赢。

4. 游戏规则

(1)在口令期间，应不断进行跳绳。

(2)允许空中改变方向等做假动作，以落地动作为判断胜负的依据。

5. 注意事项

(1)跳绳速度适中。可有大臂甩绳减缓绳子的速度，增加反应时间。

(2)控制身体随绳子一起移动的距离，注意控制重心。

四、朋友跳组合拓展

(一)朋友跳套路

特点：通过趣味的转体、依次动作和口令提示，不但能开发左手动手能力，还能增加跳绳者之间的默契和友谊，增强为他人服务的意识和合作意识。

跳法：此套路动作可按照两人预定顺序循环进行，也可根据套路启发自己创编新动作。可两人进行，也可多人同时进行。如果增加人数可适当增加绳子的长度。下面是朋友跳套路介绍。

1. 依次跳

(1)口令："1 你跳，2 我跳，3 大家跳"。

(2)动作方法：两人并行站立，同时外侧手执绳。外侧手伸至腹前，给同伴摇绳同伴跳过；外侧手回自己身体侧面，同伴外侧手伸至腹前，给自己摇绳并跳过；两人并行站立，同时外侧手摇绳，两人同时跳过绳体，重复进行。

(3)注意事项：两人可以同是外侧手，或同是内侧手，或一人内侧手一人外侧手，这样的话动作路线类似，但手臂路线不同，可自己动脑加以尝试。此外，不换手难度相对较高，换手则降低了难度。两人面对面站立也可进行此套演练。

2. 换位跳

(1)口令："1 你跳，2 我跳，3 大家跳，4 空摇换位"。

(2)动作方法：两人并行站立，同时内侧手执绳。左手在自己左侧，给同伴摇绳；左手回自己身体右侧，给自己摇绳并跳过；左手保持在自己右侧，给自己摇绳并和同伴一起跳过绳；左手回到身体左侧，与同伴空摇绳并前后换位；手伸至腹前，给同伴摇绳；左手在自己左侧，给自己摇绳并跳过；左手保持在自己左侧，给自己摇绳并和同伴一起跳过绳；左手伸至腹前，与同伴空摇绳完成前后再次换位，重复进行。

(3)注意事项：自己先跳和对方先跳顺序不同，则两人换位前后走序不同。两人面对面站立也可进行此套演练。

（二）朋友跳互动跳组合

1. 口令

“1 我跳，2 同跳，3 我跳”；“左（空），中（带），右（空）”。

2. 动作方法

动作方法一：两人面对面（也可同向）站立，一人手执跳绳。（以同伴在带人者右侧为例）带人者在同伴右侧位置自己跳绳一次；带人者移动至同伴面前，与同伴同跳；带人者移动至同伴左侧位置自己跳绳一次，重复进行。

动作方法二：两人对面（也可同向）站立，一人手执跳绳。以被带者居右侧位置为例，带人者保持跳绳动作，被带者在带人者右侧位置自己跳一次；被带者自跳移动至带人者面前，与带人者同跳；被带者移动至带人者左侧位置自己跳一次，更复进行。

3. 注意事项

（1）互动跳强调带人者和同伴的配合。

（2）注意被带者和带人者跳动节奏一致。

（3）无论哪方移动，注意移动的幅度，一步到位。两人可以面对面站立也可背靠背站立。可以两人组合，也可多人组合进行此套演练。

（三）三人单绳互动跳组合

1. 口令

“1 自跳，2 同跳，3 自跳，4 同跳”；“中（空），左（带），中（空），右（带）”。

2. 动作方法

动作方法一：两人同向站立，一人手执跳绳与其面对而立。带人者在中间位置自己跳绳一次；带人者移动至自己左侧同伴面前，与同伴同跳；带人者移动至中间位置自己跳绳一次；带人者移动至自己右侧同伴面前，与同伴同跳，重复进行。

动作方法二：两人同向站立，一人手执跳绳与其面对而立。跳绳带人者原地跳绳，由左右两侧同伴依次移至绳内与其同跳。

动作方法三：两人同向站立，一人手执跳绳与其面对而立。跳绳带人者和同伴同时移动至切合位置同跳。

3. 注意事项

（1）被带者与带人者需要保持相同节奏。

（2）该游戏强调带人者和被带者要在恰当的位置和距离。无论哪方移动，都要注意移动的幅度，一步到位。两人可面对面跳也可背靠背跳。可以两人组合，也可多人组合进行此套演练。

五、车轮跳组合拓展

（一）车轮跳变换练习

1. 两人单绳组合

两人单绳组合练习是车轮跳的辅助练习动作，体验与同伴互动摇绳的感觉。

2. 两人两绳辅助同跳

两人两绳辅助同跳练习是车轮跳的辅助练习动作，一人用朋友跳方式参与跳绳，体验与他人协作摇绳的默契和配合；一人两手摇两绳体验与他人互动摇绳配合的感觉。

3. 两人两绳同跳

两人两绳同跳练习是车轮跳的辅助练习动作，两人内侧手互握对方手柄，同时摇绳跳，体验与他人协作摇绳的配合。

4. 两人车轮跑

两人车轮跑是车轮跳的辅助练习动作，两人内侧手互握对方跳绳手柄，用依次打地的方式边向前摇边向前慢跑，体验绳子依次打地的感觉。车轮跑能快速体验到车轮依次打地的感觉，在自己手脚协调以及能和同伴在较好配合的情况下，可以过渡到原地车轮跳。

（二）车轮跳组合

1. 车轮跳单人转 360°

动作口令：（以左边跳绳者转体为例）右边跳绳者口令为“同伴跳、自跳、同伴转、自跳”；左边跳绳者口令为“自跳、同伴跳、自转、同伴跳”。

动作要领：车轮跳单人转 360°动作是在车轮跳的基础上演变而来，以左边跳绳者转体为例，两人在跳车轮跳的过程中，右边跳绳者保持车轮跳依次打地的摇绳节奏，左边跳绳者向内转体 360°。

动作方法：右侧的人继续摇绳子，左侧的人跳过去；右侧的跳绳者跳过了绳子，而左侧的跳绳者则是 180°的内翻；右边跳绳者保持摇绳，左边跳绳者继续转体 180°，绳子打地；右边跳绳者跳过绳，左边跳绳者保持摇绳。

2. 车轮跳两人同转 360°

动作口令：右边跳绳者口令为“同伴跳、转体、转体、自跳”；左边跳绳者口令为“自跳、转体、转体、同伴跳”。

动作要领：车轮跳转 360°动作是在车轮跳的基础上演变而来的，两人在跳车轮跳的过程中，保持车轮跳依次打地的摇绳节奏并向内转体 360°。

动作方法：右边跳绳者保持摇绳，左边跳绳者跳过绳；两人同时向内转 180°，两人右手绳同时打地；两人继续转体 180°，两人左手绳同时打地；右边跳绳者跳过绳，左边跳绳者保持摇绳。

第六章　花样跳绳的创编

花样跳绳表演节目是在音乐伴奏下，多名表演者通过多样的表现形式、丰富的表现内容、高超的技术展现、默契的团队配合，全面展示花样跳绳运动的动作多样性、观赏性、创意性和娱乐性。

近年来，随着花样跳绳在国内外的普及与开展，人们对花样跳绳运动有了进一步的认识，花样跳绳所具有的表演性和观赏性也使其焕发出独特的魅力，很多人喜爱跳绳也是因为被花样跳绳炫酷的表演所吸引。目前，花样跳绳表演赛已成为世界跳绳锦标赛和全国跳绳比赛的热门比赛项目，开展花样跳绳的学校或企事业单位也把掌握一套完美的跳绳表演节目作为一项任务。

第一节　花样跳绳的创编原理

花样跳绳演出效果取决于多种因素，是多元素效应的综合反映。在影响花样跳绳演出效果的诸多因素中，成套动作创编十分重要，成套动作创编的质量与水平高低直接影响到比赛成绩的高低及演出效果的优劣。

一、花样跳绳动作的创编

（一）动作创编的原则

1. 目的性原则

编排一套花样跳绳动作，首先应明确编排的目的和任务，因为目的不同，编排的内容、形式与编排的重点就会不同。所以，在编排之前要弄清楚这套动作是用于健身还是表演、比赛。一般健身性花样跳绳以全面锻炼身体为直接目的，在选择与编排动作时要考虑的是“安全”和“有效”。而表演性花样跳绳的主要目的是展示，注重套路的艺术性和观赏性，在编排上动作比健身性花样跳绳复杂，动作较少重复。竞技性花样跳绳是以竞赛取胜为目的，成套动作的编排受规则的限制和要求，一般而言，竞技性花样跳绳成套动作的编排既要有一定的观赏性，又要具备一定的难度。

2. 针对性原则

花样跳绳的编排应针对练习者的年龄、性别、身体状况、运动能力等特点，遵循运动规律，选择适宜的练习内容和练习方法。编排健身性花样跳绳成套动作时应根据不同年龄层次练习者的生理特点与体育基础，选择适宜的练习内容和方法，注重健身和娱乐效果。编排表演性花样跳绳时，应在了解表演者的实际情况的基础上，编排具有一定难度和艺术性的成套动作。编排竞技花样跳绳时，其音乐、动作应符合规则的要求，并根据队员的实际情况设计组合动作，最大限度地发挥队员的潜能。

3. 科学性原则

花样跳绳成套动作创编是将丰富多样的花样跳绳动作与音乐完美地结合，形成具有竞争力的个人或集体成套动作。所谓创编的科学性就是在创编过程中做到动作的难易程度应与运动员的能力相适应，大强度的动作在成套动作中的数量和分布合理，身体与绳子的配合、时空变化符合运动规律的特点，从而使运动员能够轻松、流畅地完成成套动作。创编的科学性是保证运动员顺利完成成套动作的基础。

不管是健身性花样跳绳，还是表演或竞技性花样跳绳的编排，都要注意编排的科学性，具体表现在以下两个方面。

(1)注意身体的全面发展。花样跳绳整套动作创编的内容要全面影响人体，从动作部位来说，应包括上肢、下肢、躯干各部位的动作；从动作方向来说，应包括向前、向后、向左、向右的动作；从身体素质来说，应包括速度、力量、柔韧、协调、灵活等方面的内容，使身体得到全面发展。

(2)合理安排运动量。整套动作的运动量要根据练习对象的特点编排符合人体活动规律的成套动作，由小到大，避免运动量过大造成运动损伤，或者运动量过小不能达到锻炼效果。

4. 合理性原则

花样跳绳动作的设计，应从整套动作的具体任务出发，紧紧围绕主题进行总体构思，精心设计，避免东拼西凑。健身性花样跳绳的编排，应力求动作简单易学，讲求实效，使其符合人体结构规律和生理特征。而表演性和竞技性花样跳绳的编排则注重动作设计的多样性、时效性、艺术性、技巧性和创造性，避免千篇一律、枯燥无味。

5. 协调性原则

花样跳绳是一项节奏性较强的运动，音乐是它的灵魂，音乐伴奏是烘托气氛、转换节奏、激发运动员情趣的重要手段。另外，音乐节奏的快慢与强弱、音调的优美和谐与动作力度和幅度的大小、动作的高低起伏及运动负荷的大小等关系密切。因此，创编成套动作时，应结合音乐的旋律、风格。选择音乐时，可根据音乐的特点来组合编排动作，也可根据现有的成套动作选择适合的音乐或根据动作的特点制作音乐。

6. 统一性原则

从成套动作各部分的完整性和从属性来看，成套动作所表现的主题和风格应统一，具有一致性；成套动作的创编与评分规则的要求相一致；成套动作中采用的技术应与花样跳绳的发展方向相一致；成套动作的音乐选择应与运动员特点、动作特点相一致；各类别动作的比例在成套中应具备统一性，避免成套动作出现相同难度动作堆积的现象。

7. 对比性原则

对比性原则是指运用事物对立矛盾的规律来强化成套动作表演的效果。运用对比性原则能够有效地提高成套动作的艺术效果。在花样跳绳成套动作创编中，音乐节奏的强弱、快慢以及旋律的起伏变化是表现对比的重要手段之一。同时，动作的动静、快慢、高低、急缓的变化，在动作幅度、速度以及肌肉紧张度等方面引起的反差形成鲜明的对比效果，常常能给裁判和观赏者留下深刻的印象。

8. 协同性原则

身体动作和绳子动作是成套动作的两个方面，人绳合一是花样跳绳的灵魂。身体与绳子的协同配合是成套动作创编的基础和基本要求。同时，花样跳绳成套动作是多名运动员协作共同完成的，因此在表演中要求每位运动员要有集体协作精神，能够和谐一致地完成成套动作。创编过程中应充分考虑到每个运动员的特点，在队形变化、集体造型等方面达到流畅、协调，形成运动员之间的最佳协同。

9. 创新性原则

创新是花样跳绳成套动作创编的基本特征，是花样跳绳项目发展与生命的源泉，同时也是成套动作创编过程中应当遵循的基本原则。只有不断推出新的技术、新的创编思路、新的创编方法和新的创编形式与内容，才能探索花样跳绳独特魅力并在激烈的竞争中占据优势。花样跳绳成套动作创编与创新是无止境的发展过程，要实现创新，就必须切实把握花样跳绳技术发展的趋势，具备前瞻的眼光和敏锐的思路来研究和掌握各种技术发展新动向，并在评分规则基本要求的基础上大胆创新、巧妙构思，创编、创作出新颖独特的成套动作。

（二）花样跳绳成套动作创编的方法

1. 借鉴法

借鉴法即在现代花样跳绳的基础上，将其他体育运动的动作、造型或队形变化加以改造，引入花样跳绳。借鉴法的最大功效是可以博采众长，防他人之短为己之短。在借鉴中，要具体分析被借鉴对象的条件和内容，具体分析创编的目的或个人的实际情况，不搞生搬硬套。例如，将体操、武术、街舞中的一些动作，结合花样跳绳的特点进行加工改造，具有一定的锻炼和观赏价值。例如，花样跳绳中的开合跳、俯卧撑跳、虎扑跳等，也非常受人欢迎。

2. 移植法

移植法又称模仿法，移植的本意是把一株植物从一个地点转移到另一个地点栽培。移植法现已发展成为一种重要的科学研究、技术应用推广的方法。在花样跳绳的创编中，移植法是将日常生活中一些有趣或有锻炼与观赏价值的动作，编入花样跳绳中，如田鸡跳、敬礼跳等。

3. 发现与提炼法

发现与提炼法是指在花样跳绳教学和练习实践中，善于发现一些有创意的组合和动作，善于提炼、总结经验与教训。长期从事花样跳绳的教学、训练及研究的人，必然会积累不少经验，如何把这些经验提炼，并运用到花样跳绳创编的实践中，需要体育教师具有足够的耐心、观察能力以及联想能力。

（三）花样跳绳成套动作创编的过程

1. 确定创编的目的和用处

明确花样跳绳成套动作创编的目的和用处，是健身用还是表演或比赛用，根据不同用处，确定成套动作的难度、表现形式等。

2. 了解练习者情况

在编排之前要先了解练习者的年龄、性别、人数、身体素质和运动技术水平等，以便有针对性地设计和编排动作。

3. 要有一个总体设想

在了解创编的目的和练习者的情况后，要对成套动作有一个总体的设想，并根据设想，选择动作素材、队形变换方法和适合的音乐，建立起成套动作的基本结构。

4. 练习与修改完善

按设计好的动作进行练习，在练习的过程中按照创编的目的、要求及练习者的学习情况等对整套动作做出必要的修改和完善。

二、不同类型花样跳绳的设计原理

（一）华丽、快乐的跳绳作品

花样跳绳是传统跳绳技艺与现代表演元素融合而成的表演艺术，不但展示原有跳绳运动简捷、灵敏、多变的特点，还紧扣时代脉搏，符合现代人的审美。通过不同主题的塑造，打造适合各种场合的艺术作品。

传递华丽、快乐的跳绳作品往往利用新媒体虚拟技术，打造声、光、电等奇幻空间，延展人们的艺术想象力，给人们感官带来新的震撼。新的数字技术培养新一代的观众，华丽的视觉盛宴满足了人们的视觉和审美体验。影视景观中的场面变换、奇效灯光使人产生沉浸式的视觉效果和身临其境的现场感。跳绳运动带来的健康、律动、青春之美让更多人跃跃欲试，增添了人们对花样跳绳浓厚的兴趣。

（二）青春、清新的跳绳作品

青春是朵美丽的花，让人们感受到卓越的创造力，坚强的意志，阳光般的热情，永不退缩的进取精神，放弃舒适的冒险精神，清新的创作，总能给人一种新鲜的感觉。青少年对艺术有独到的理解，青春印象的作品能给人们带来强烈的新奇感、诱惑感和亲近感，在很多花样跳绳作品中展示新生代对生活的热爱，对运动的酷爱，对友谊的表达，让跳绳运动变得趣味、灵动。通过一些舞蹈、游戏、富有情趣的个人秀，甚至将一些夸张、变形、谐趣、幽默的创意融入跳绳表演，让跳绳表演生动感人，意义深远。

（三）流行、健康的跳绳作品

随着时代的发展，新元素不断出现，人们的生活也更加丰富多彩。不断推陈出新的舞蹈、流行音乐、时尚服饰、街舞特色动作，都可能成为时代的流行元素，这些元素不但更能反映作品与时俱进，还能很轻易地打动人心。踏着耳熟能详的音乐节奏，模仿骑马舞的跳绳、模仿卓别林动作的跳绳、模仿杰克逊机械舞的跳绳、模仿卡通特色动作的跳绳、模仿有独特代表意义动作的跳绳往往让人忍俊不禁，开怀大笑。观众在创编者巧妙的模仿和拨动心弦的创作过程中情不自禁就融入跳绳运动中来。

（四）成熟、技巧的跳绳作品

炉火纯青的技术是体育艺术表演最大的魅力所在。在花样跳绳的各类作品中，传递成熟、技巧印象的作品也往往令人回味无穷。常见的花样跳绳技巧表演中，除了秀摇绳者的绳技外，很多体现的是跳绳者的绳技：侧空翻进入、腾空飞脚、旋风脚、后扫脚、后摆腿等各种腾跃动作。此外推小车、鞍马跳、跳山羊进入、俯卧撑、侧手翻等动作在增加表演的难度和高度外，使花样跳绳变得更具观赏性。花样跳绳强调互动性，摇绳者与跳绳者的互动，表演者与观众的互动。那种出神入化、行云流水、高潮迭起、精彩纷呈的绝妙表演，无不让人为体育美所激情澎湃。成熟的花样跳绳创编还体现在跳绳表演者在旋律、节奏、节拍、力度、表情等方面的诠释和发挥，通过位置的移动、转体等让摇绳和跳绳的角色互换变得灵活机动，让跳绳表演者对跳绳艺术的感悟和创造性得到淋漓尽致的发挥，让精彩动人、绚丽多姿的运动表演成为打动观众且经久流传的作品。

第二节　花样跳绳的创编要素

花样跳绳成套表演节目的创编应根据练习者不同的目的和任务、对象特点、绳具特点、规则要求和国际发展趋势、体育美学法则这五个方面的主要因素，选择和创编出适合练习者特点的成套动作。花样跳绳成套动作构成的基本要素是花样跳绳成套动作存在的基础，这些基本要素构成包括两个层面：其一，从成套动作的外部表现来看，以运动员完成的动作和为其伴奏的音乐为基本要素；其二，从成套动作存在的载体来看，由空间和时间构成。因此，动作、音乐、空间、时间是构成花样跳绳成套动作必不可少的基本元素。

一、动作要素

动作是指全身或身体的一部分的活动。花样跳绳的“动作要素”包含跳绳动作和摇绳动作两大部分，跳绳动作是花样跳绳的基础动作，摇绳动作必须与跳绳动作完美配合，摇绳与跳绳相辅相成，不可分割，动作要素的构成有四个维度。

（一）动作难度

动作难度是反映技术水平的重要标志，在规定时间内，运动员应尽可能多地完成高难度动作。但并不是机械地堆积难度动作，要根据运动员的掌握程度、体能状况以及整套节目的高潮点来设置难度动作，形成“爆炸点”，从而让高难度动作达到最佳的观赏效果。

难度动作数量的多少并不是绝对的，从理论上讲，成套动作中难度动作的数量与动作完成质量成反比，是一种较为理想的态势，这样避免了成套动作创编中难度动作堆积的弊病，使运动员有更多的空间和时间来丰富基本动作创编并使动作完成的质量更好。然而，难度动作的选择也不能单纯地追求减少难度动作数量和选择级别高的难度动作。难度动作的选择必须与运动员的运动竞技能力相匹配，难度价值级别越高，动作技术的复杂程度相应也就会提高，失误率也会越高。在成套动作创编中，应选择运动员已掌握的或经过短时间的训练能够高质量完成的难度动作，并合理地创编到成套动作之中，以保证成套动作中创编的难度动作在表演时能够轻松完美展现，减少失误。

（二）动作美观度

动作美观度是整套表演节目观赏性高低的重要标志。运动员完成动作时身体姿态标准，精神状态饱满，绳的弧度优美，将大大提高表演的观赏性。提高动作的美观度，要着重突出成套动作的主题思想和艺术表现力，充分展现花样跳绳运动的美，花样跳绳动作的艺术化演绎是动作创编的重点。

要想让动作美观大方，轻松自然，首先要做到的是稳定。稳定是运动员技术娴熟、心理成熟的体现。稳定体现了动作时间、动作力度的分寸感、动作技术的成功率和熟练性。

（三）动作类别

花样跳绳的动作类别丰富，花样繁多，成套动作的创编要充分考虑花样跳绳动作的多样性。多变的动作能够展示花样跳绳的美，不同的动作类型、形式多样的动作表现方式及音乐的演奏构成千变万化、多姿多彩、充满艺术魅力的成套动作。

（四）动作连接

花样跳绳动作类型较多，如交互绳、车轮跳、个人花样、长绳类等，每种类型的动作还包含不同的元素，从一种动作类型转换为另一种动作类型（如交互绳转变为车轮跳）或者从一种元素的动作转变为另一元素的动作（如个人花样多摇动作转变为交叉动作），中间的转换不能停顿，应连贯流畅、设计巧妙，给观众耳目一新的感觉。连贯流畅表现为成套动作的连续性动作感，主要通过不同动作的变化、丰富多彩的构图、合理的动作连接方式以及变化的线路来展现出流畅的整体动作画面；巧妙性是创作智慧的结晶，伴随着创造性与新颖性，花样跳绳成套动作创编的巧妙性能够诱发人们独特、新颖的审美体验，这是创编者努力追求的目标之一。

集体项目创编，除了重视不同类型、不同元素动作的连接外，还应对团体动作的一致性、整体协调性、快速连续性以及类似“轮唱”的形式完成动作、有对比地完成动作等给予足够的重视，这些因素的综合使用将会大大提高演出节目的艺术性和观赏性。

二、音乐要素

音乐是人类社会历史上最早出现的艺术种类之一，也是日常生活中人们最喜爱的艺术种类之一，音乐的声音意象作用于人的听觉，使感受者产生一定的联想，进而在自己的头脑中产生一定的富有情感的体悟，在情绪上受到感染和陶冶。从美学意义上讲，花样跳绳属于时空艺术，它同舞蹈艺术一样又是视觉艺术，它以时间和空间的方式存在，借助人体自身有韵律的形体动作抒发情感，并按一定的节奏在时间、空间中展开，用跳绳技巧表达感情，这一切在音乐的伴奏下实现。因此，观众总是同时调动视觉和听觉多种审美心理共同参与，来欣赏花样跳绳表演。

在花样跳绳运动中，音乐的主要任务是为花样跳绳成套动作进行情绪上和力度上的烘托与渲染，特殊音乐效果的运用可以大大提高成套动作的效果和气氛。音乐可以表达情绪，音乐的旋律、强弱、轻重等，可以附上某种情绪，教练员、运动员尽力使“音乐视觉化”，用人体动作“展现音乐”，动作与音乐应达到“和谐一致的融合关系”，在创编的结构中给音乐一个空间，让它成为创作成套跳绳动作组合的一部分。

音乐的特征和节奏必须与动作保持严格的一致，在任何情况下，音乐不能只是几个无关联的音乐片段的组合。音乐选择要符合动作特点和风格，不同运动员及不同类别的动作均存在着差异，表现出不同的风格和特点，成套动作的音乐选择应充分结合其特点、发挥其优势、调动其积极因素，做到扬长避短。例如，对于性格比较开朗、活泼、富有激情，动作技术熟练、快速完成动作能力强、弹跳力较好的运动员，适宜采用节奏明快、活泼的乐曲；而对于一个身材修长、性格内向、动作柔美，但力度较差的运动员则适宜于选择优美抒情的乐曲；集体动作应选择速度较快、气氛热烈、旋律、节奏变化丰富的乐曲。

在创编中对于经典乐曲不能因为时间的久远而排斥，对于流行音乐也不能因为时髦就刻意追逐。关键是音乐的选择应符合运动员和器械的特点，能创造出和谐、优美、符合竞赛需要以及能够引起观赏者共鸣的成套动作。花样跳绳成套动作创编中音乐的选择不应因循守旧，走别人走过的路，而应当勇于开辟新径，创造性地运用美妙的音乐伴奏，使成套动作的表现达到最佳效果。

三、空间要素

花样跳绳的表演空间包括高度、宽度和深度三个维度，在三维空间内可以创造出线形、环形以及其他各种运动路线。运动员通过花样跳绳成套动作的创编和完美的动作展现来占据空间、感觉空间、构筑空间和描绘空间。在花样跳绳项目的创编中，空间结构的运用有着特有的表现方法与形式，空间的组织形式取决于演出环境、创编主题、运动员及绳具特点等因素。

（一）方位运用

充分合理地运用六个基本方位的变化，有助于提高创编的整体效果：向前和向后（深度）、向左和向右（宽度）、向上和向下（高度）运动的完成。在比赛或演出中裁判员和观众席总是在一个固定的方向，为了充分展示最佳技术动作，应掌握部分类型动作展现方式的规律，在创编中恰当地运用，使运动员的优势得到最大限度的展现，如车轮跳换位时正面朝向观众能产生良好的视觉效果。

（二）动作路线

花样跳绳成套动作的路线是由运动员在比赛场地和空间的一系列位移而形成的。通常，一套丰富、优美的成套动作的路线必须具备两个条件：第一，教练员、运动员应对动作由哪个位置开始、做哪一类动作并采取什么线条（如直线、曲线、弧线等）、向哪个方向移动、结束的位置及方向等进行仔细的构思与策划；第二，运动员应具备快速完成动作的能力，以满足在规定的时间内能够移动至设计的位置。成套动作的路线安排应使运动员的移动布满全场，包括场地的 4 个角和中间位置，移动的路线应满足多样化的要求，从而构成多姿多彩的图案。

在动作路线设计的过程中，可采用九宫格的设计方式，整个运动赛场平均分配成九个方格，将运动路线与完成动作成功地体现在九个方格里，可以使运动员明确动作路线，提高运动员竞技能力的发挥。

（三）队形运用

队形变化是集体项目创编中不可缺少的一部分。在成套动作创编中，合理并有创意的队形选择、队形与音乐的和谐配合、队形与动作的合理搭配等，都将对成套动作创编的整体效果产生重要的影响。不同的空间形式具有不同的特性和气氛。直线、圆、三角形等严谨规整的几何形式空间（图形），营造出端庄、平稳、肃穆、庄重的气氛；不规则的空间形式（图形）营造出活泼自然、无拘无束的气氛。封闭式空间创造出内向、肯定、隔世、宁静的气氛；开敞式空间创造出自由、流动、爽朗的气氛。在成套动作的创编中应根据动作的类型、音乐的气氛、器械的特点、运动员的特征等适时地将不同的队形巧妙地安排在成套动作之中，应依据成套动作的需要合理地将几何图形和不规则图形灵活地运用于成套动作之中，并使各种图形的转换流畅、清晰。

四、时间要素

在花样跳绳中完整成套动作的时间是指动作过程的顺序性、间隔性和持续性，具体表现在成套动作的各部分自始至终依次出现的顺序，动作强弱和快慢周期的交替，单个动作、成套动作或整个比赛动作过程持续的时间。

花样跳绳成套动作的时间可以从两个层面来考量：第一，评分规则限定的每一个成套动作整体时间范围的运用；第二，每一套动作中节奏的强弱、缓急、长短、快慢等时间的变化以及各动作类型或完整成套动作各部分占时间的比例。

花样跳绳成套动作创编从某种意义上来说就是合理分配时间，从而让时间产生效益的艺术。花样跳绳成套动作由开始部分、中间部分和结束部分三个部分组成，每一部分的目的、任务不同，它们所需表现的时间亦有差异，因此在时间的分配与安排上应有所区别，以达到和谐、均衡的艺术效果。同时，为了在有限的时间内尽可能多地满足观众需求，应当控制成套动作的节奏，使成套动作张弛得体，有效利用时间，达到游刃有余。

总之，构成花样跳绳成套表演节目的动作、音乐、空间和时间四种要素的内涵各不相同，互有区别，但这些要素并不是孤立的，它们之间相互联系、相互影响、相互制约、相互依存，共同构成完整的花样跳绳成套表演节目。

第三节　花样跳绳的程序方式

一、成套动作创编的程序及阶段划分

花样跳绳成套动作创编的过程划分为三个基本阶段，即准备阶段、实施阶段和检验阶段。根据各自活动任务不同，每个阶段具体操作方法也不同。需要明确的是，各个阶段相互联系、相互制约，并形成反馈机制，当遇到问题而需要对前一个或两个环节进行修改时，则发出反馈指令，从而保证成套动作创编质量高和顺利完成。所以，花样跳绳成套动作创编的过程是一个设计、实施、调整、修改、发现问题、再调整的不断完善的过程。

二、各阶段创编的方法

花样跳绳成套动作创编方法源于经验的积累，而经验又推动着创编方法不断创新和发展。在成套动作创编的不同阶段，应根据需要合理选择与运用具体方法。

（一）创编的准备阶段

准备阶段是成套动作创编实施的预备阶段，主要包括技术准备和总体构思两部分内容。

1. 技术准备

技术准备包括动作素材准备和音乐素材准备。动作是创编的基础，在成套动作创编前，教练员应客观地分析运动员的特点，为运动员设计需要学习和开发的技术动作内容，并组织其进行训练，为满足成套动作创编所需的各类动作奠定基础。主要方法为：在已掌握的动作基础上，通过大量尝试，做各种类型的花样动作，开发具有创新性的难度动作、新的连接方式，为成套动作创编做好动作储备。在准备期，教练员、运动员应大范围收集音乐素材，即试听各类型音乐，进行音乐资料的储备。

2. 总体构思

在总体构思过程中，形象思维贯穿始终，同时抽象思维和灵感激发也起着很大的作用。有些构思较为具体，如动作的难度、类型及基本结构等，有些构思较为模糊，如表达和反映艺术意境方面，这些还需要在创编的具体实施中进行进一步尝试、选择和定夺。

(1)表演风格的构思与设计

表演风格是指运动员动作的时空变化以及情绪、意境等与音乐和谐配合所呈现出主体与客体统一的整体特征。动作风格的呈现具有多样性的特点。成套动作风格取决于运动员个体独特的身体形态、运动素质、个性心理、技术特点、文化艺术素养水平等多种因素，呈现出独具特色的表演风格。

(2)核心动作的设计与选择

在进行总体构思时，能够创造具有良好表演效果的核心动作的设计与选择是重中之重。首先，应对难度动作的数量、类型、呈现形式、连接方式等诸因素进行确定，如交互绳换接绳、个人花样、多摇跳花样、放绳花样、车轮跳在表演中使用的个数，是以单个难度动作还是以联合难度动作的形式出现，并检查是否符合运动员的实际情况等。其次，考虑选择何种材质、何种功能的绳具，跳绳绳具种类繁多，使用效果也有很大的差异，应设计、选择符合表演环境及运动员技术水平的绳具。再次，特色动作和创新动作的设计与选择，包括设计新的难度动作、新的连接方式、身体动作与绳具构成新的关系等动作，最大限度地体现出运动员的优势和特殊能力。

(3)基本结构的构思

成套动作的结构形式主要由开始、中间和结束三个部分组成。

开始部分一般以开场造型居多，一般有两种含义：一种是最大限度地表现造型美；另一种则是为完成第一个动作做准备。因此，开场造型应选择引人注目、能够吸引观众注意力的动作。

中间部分是主体，是构成成套动作发展、高潮的基本部分。由于中间部分时间长，动作数量多，合理的动作结构与布局，与音乐的巧妙配合，运用恰当的时机与合理的空间，将“难、绝、新、美”特点充分发挥，必将使成套动作高潮迭起，形成多个闪光点。应避免难度动作的简单排列，应从类型、方向及呈现形式的丰富多样、快速变化等方面着手，并在难度动作和连接动作中设计并加入艺术表演效果的因素，使成套动作达到难与美的完美结合。

结束部分是将成套动作推向又一个高潮和顶峰的阶段，可以采用一个或一组新颖、复杂、高价值的难度动作，使动作戛然而止，扣人心弦；亦可在高难度动作或惊险性动作之后经过一个转折，在渐去的音乐声中，柔和、优美、缓缓地结束成套动作，使人产生虽静犹动、意犹未尽的效果。

(4)伴奏乐曲的选编

伴奏乐曲的选择是在成套动作整体构思的基础上，选择和创编符合总体构思的乐曲。通常有以下两种方法。

①根据动作编写乐曲

作曲者依据运动员的动作创作出专用伴奏的乐曲，这种方法作出的音乐与动作和谐统一，科技含量较高，但是受到作曲者的专业水平、演奏条件、经济状况等多种因素的制约，不太常用。

②根据成套动作需要，对已有的音乐作品进行改编

根据成套动作的需要，将一个或几个乐曲主题不同但基调一致的作品中的一部分乐曲或乐曲的一个段落，按照动作的结构，合理、巧妙地剪辑在一起，形成较为完整并符合成套动作要求的伴奏乐曲，这种选编方式目前在国内外被广泛运用。

(二)创编的实施阶段

实施阶段是将准备阶段所制定的方案付诸行动的过程，是创编的核心环节，主要包括构建成套动作框架、分段创编动作、成套动作的整合三个部分。

1. 构建成套动作框架

构建成套动作框架的主要任务是划分段落和设计成套动作的路线及队形变化。其步骤如下。

(1)仔细分析音乐，确立全套动作中主要环节部分和高潮部分的位置。

(2)合理分配核心动作的顺序。

(3)绘制动作路线图，包括开场位置、核心动作路线、结束的位置等。

(4)设计队形变化图，包括“成型”队形和转换下一个“成型”队形的移动路线，力求丰富多样，表现出最佳艺术效果。

2. 分段创编动作

分段创编是整套创编的实际操作过程，通常按照成套动作结构由开始至结束依照顺序逐段进行创编。根据音乐的旋律、节奏、节拍，以及音乐的表现风格和意境，仔细创编花样动作，连接转换动作，努力使每一个音符都有恰当的动作与其配合，使动作与音乐的性质、节奏

和情绪相吻合。在分段创编中应特别注意对主旋律段及效果较强的某一段音乐深入研究、认真推敲，使用典型的、能够突出音乐特点和增强表演效果的动作来体现。

3. 成套动作的整合

花样跳绳表演节目创编的整合是一个精雕细琢的过程。所谓“整合”，是指将成套动作应具备的各要素及分段动作通过合理的方式有机地结合在一起，从而形成主题一致，具有完整性、艺术性、观赏性的表演节目。在欣赏花样跳绳表演时，首先感知到的是，直观动态性的外部表现形式。如果没有其独特的形式，花样跳绳本身就不会存在，因此花样跳绳表演创编应遵循形式美的规律。

花样跳绳形式美的基本规律主要包括以下几点。

(1)整齐一致

整齐一致，使人产生洁净、真实的美感，是最基本的形式美要素之一，要求运动员穿着服装的面料、样式、图案以及所使用的绳具等整齐一致，技术水平、动作风格等达到高度的一致性，体现出一种整齐的美。

(2)对比变化

对比能给人以振奋、鲜明的美感，动作的快慢、高低、大小、动静、刚柔，构成动作、空间、时间的对比；音乐的强弱、快慢、高低，形成听觉的对比。

(3)多样统一

花样跳绳的多样统一，就是在变化中求统一。在成套动作创编中，运动员在一个统一的音乐和动作主题构思的统率下，在同一时空中展示不同等级的动作、不同的身体与器械动作的类型及形式、不同空间的运用等，使成套动作呈现出绚丽多彩、异彩纷呈的景象，从而构成一幅多样统一的精彩画面。

(三)创编的检验阶段

花样跳绳表演节目创编的好坏还需要经受实践的检验。通常，一套节目的生命周期为半年至一年，其过程主要包括：创编—训练—比赛或表演—淘汰。在整个过程中，教练员、运动员应对表演节目进行不断的修改和完善，尤其是在创编的后期，应对所创编的成套动作进行不同形式的检验。

1. 内部测验

成套动作创编完成之后，首先应组织教练员和本队全体运动员对每套动作进行内部测验。其方法主要是，按照评分规则的要求和标准，对所创编的成套动作的各个部分进行评分。通过对创编的实际评价，找出存在的问题，为进一步改进和完善成套动作提供相应的修改意见，以提高成套动作创编质量。

2. 组织专家检验

除内部测验外，还应有计划地组织花样跳绳相关专家，包括裁判员、专业教师、专业管理人员以及音乐和舞美专家等，有针对性地对所创编的成套动作进行分析、研究，对难度动作的数量、价值、类型、呈现形式、创新动作的使用情况，以及音乐质量、动作与音乐结合、整套动作结构等因素进行梳理，对运动员能否体现创编意图和难度水平进行评估，并提出修改意见和建议。教练员、运动员根据专家提出的意见和建议，结合自身的特点，来进行必要的修改和调整，以达到较理想的比赛和演出效果。

花样跳绳表演节目创编是一个不断创造和创新的过程。在节目创编过程中应树立与保持创新意识和创新精神，不断提高创新能力，努力开拓创新思维，合理运用创新方法不断创新。同时，花样跳绳表演节目创编创新应遵循超前性、针对性、可行性、观赏性原则，正确、合理地运用各种创新方法进行创编。

三、花样跳绳动作技术分类

（一）花样跳绳技术动作的分类

为了更好地认识学习花样跳绳，针对跳绳各类动作技术的特点，采取合适的教学方法，将花样跳绳的各类动作进行分类是很有必要的。下面将从教学的需要出发，依据花样跳绳各类动作的运动学和动力学的主要特征，对各种花样跳绳动作进行分类。

1. 步法类动作

步法类动作是指花样跳绳中各种脚步变换的花样。花样跳绳的步法动作一般来源于健美操、武术、街舞的步法动作，动作可难可易，观赏性较高。步法类动作是学习花样跳绳的基础，练习步法花样有助于提高脚步的灵活性，从而为学习其他动作打好基础。

2. 交叉类动作

交叉类动作是指花样跳绳中手部交叉或手脚配合类交叉动作，形式上表现为，手部的交叉或者手与腿的交叉，所以称为编花。编花类动作对于手腕、手臂的灵活性要求较高，手部的编花动作可以配合脚部步法动作进行练习，编花类动作是花样跳绳技术提高性练习内容。

3. 多摇类动作

多摇类动作是指身体腾空以后，绳子在空中最少绕身体摇转两周的花样动作。多摇类动作难度较大，对身体各方面的要求较高，是花样跳绳技术的高级动作，需要有一定的跳绳基础才能学习。

4. 体操类动作

体操类动作是指将体操技巧动作与跳绳结合的一类跳绳动作。花样跳绳中技巧类动作多为体操中的技巧动作，动作的难度较大，具有一定的技巧性。在学习技巧类花样跳绳动作之前，应在教师的指导下先进行无绳练习，掌握动作后再配合绳子练习。

5. 力量类动作

力量类动作是指将手臂俯撑的一些静力性动作与跳绳结合的一类跳绳动作，如俯卧撑跳、纵劈叉跳、虎扑跳等。

6. 放绳类动作

放绳类动作是指在跳绳的过程中，一只手或双手将一只绳柄或两只绳柄抛向空中，然后再接住手柄，不间断地完成跳绳一类动作。

7. 缠绕类动作

缠绕类动作是指在跳绳的过程中，将绳体在肢体上缠绕不少于一周并顺利打开的动作。

8. 互动配合

互动配合主要是指在多人(两人以上)跳绳的过程中,队员之间的身体接触的配合以及与现场观众之间的互动。

(二)花样跳绳动作的主要技术

动作技术是指符合人体运动科学原理,能充分发挥身体潜在能力,合理有效地完成动作的方法。为了更好地学习花样跳绳,我们需要对动作的技术有较为深入的了解,即不但要知道动作怎么做,还应当知道为什么要这样做。只有这样,才能抓住动作的关键环节,进行合理的教法指导。花样跳绳是全身上下协调配合的运动,其动作技术分为摇绳技术、跳绳技术、抛绳技术和放绳技术。

1. 摇绳技术

跳绳的摇绳技术是学习和提高跳绳技术的基础,而绕身体水平轴的摇绳又是学习其他摇绳方法的基础。花样跳绳的摇绳方法变化较多,包括绕身体水平轴、垂直轴的摇绳技术,左右、上下抡绳技术,前后打绳技术等。不管绳子怎么变换,摇绳技术最关键的就是手腕的转动,所以手腕的灵活性是跳绳技术教学的重要环节。

2. 跳绳技术

花样跳绳的跳绳技术不同于传统跳绳的跳绳技术,不仅包括脚步上的单脚、双脚的上下跳跃过绳技术,还包括身体其他部位的各种上下弹动过绳技术,这类技术一般来源于体操技巧类技术,具有一定的难度,如手翻、跪跳、腹支撑跳、臀支撑跳等。

3. 抛绳技术和放绳技术

抛绳和放绳通常是通过手或身体的其他部位的动作使绳子离开人体达到一定的高度或远度,然后使运动着的绳子停落在双手或身体某部位。

四、跳绳运动损伤的处理

在体育运动中发生的损伤统称为运动损伤。运动损伤的发生,大都不是偶然。了解花样跳绳运动损伤发生的原因,可以有效预防和避免运动损伤的发生,把运动中发生损伤的概率降到最低。

(一)花样跳绳运动损伤出现的主要原因

1. 跳绳场地选择不恰当

在选择跳绳场地时,要选择平整、干净、无安全隐患的场地,场地要有足够的空间,以免引起不必要的伤害事故。此外,还要注意场地不要太硬,最适宜跳绳运动的场地是软硬适中的草坪、木质地板、泥土地或者塑胶运动场,硬性水泥地、硬瓷砖地、大理石地面太硬,落地缓冲性不好,对下肢的冲力较大,长时间在太硬的地面跳绳,容易引起踝关节、膝关节、脚底肌肉的劳损。

2. 准备活动不当

准备活动的目的是帮助骨骼、肌肉和心肺系统进入到运动状态。准备活动不充分或未做准备活动,身体各系统没有进入工作状态就开始剧烈的运动极易造成肌肉拉伤,严重会出现运动猝死的现象;而准备活动量过大又会产生疲惫感,当进入基本部分的练习时也容易出现运动损伤。

3. 动作技术错误

花样跳绳是一项技巧性较强的运动,练习时需要全身上下肌肉关节协调配合。某一个环节的错误技术都会对整个动作质量产生影响,同时可能引起不必要的运动损伤。比如,有些练习者腾空太高,落地时全脚掌落地,这样对脚踝、膝盖和足弓的影响较大;手握绳柄太紧,容易引起桡骨侧肌肉劳损。所以,作为初学者一定要注意掌握正确的跳绳运动技术,不要急于求成。

4. 急于学习高难度动作

花样跳绳难度动作的掌握建立在一定的技术和身体素质基础之上。在没有熟练掌握基础动作的时候,急于学习高难度动作,极易造成运动损伤。花样跳绳技术动作的学习要循序渐进、先易后难,打好基础是关键。

5. 服装、鞋子及配饰的影响

在进行体育锻炼时要穿适合的运动衣裤和运动鞋,适合的运动衣裤和运动鞋有助于动作的完成。尽量不佩戴项链等配饰,以免配饰打伤自己、他人或掉落;女生需将头发扎起,头发较长的女生可以将头发挽起,以免头发挡住视线或缠住绳子。

(二)花样跳绳的运动损伤及处理

1. 小腿肌肉酸痛

小腿肌肉酸痛是体育锻炼中比较常见的问题,一般经常参加锻炼的人不易出现此类损伤。长时间没有参加体育锻炼者,突然剧烈或长时间运动会出现小腿肌肉酸痛的症状,一般休息一段时间后会自行恢复。

(1)症状

小腿后腓肠肌、比目鱼肌的肿胀和疼痛;跟腱紧张或疼痛。

(2)原因

初学花样跳绳期间或长时间中断练习;练习跳绳急于求成、过度锻炼;体重过大;在硬性场地跳绳。

(3)处理方法

减小跳绳运动量,严重者应停止跳绳,继续跳绳会加重运动损伤的程度;用冰敷疼痛部位可以降低疼痛感,冰敷大约二十分钟即可;咨询医生或自己的教练,做些功能性恢复训练。

(4)预防措施

练习花样跳绳之前,先进行热身运动,以提高体温,然后要适当拉伸腿部、脚踝肌肉韧带;循序渐进加大运动负荷;在适当的地面跳绳。

2. 脚底筋膜炎

脚底筋膜炎是指脚底的肌肉受到外力的冲击或者长时间走路、跑步等引起局部肌肉劳损表现。另外,鞋跟太硬造成对脚跟的压迫,也能引起足底筋膜炎。

(1)症状

足底浅层肌肉和组织肿胀、发红、酸痛,脚跟疼痛,跟腱红肿。如不及时采取处理措施,会持续几个月至两三年之久。

(2)原因

足底筋膜炎的产生常常是因为跳绳时的落地动作错误,用全脚掌落地,或者腾空过高增加了地面对脚底的冲力;运动过多也会引起脚底肌肉酸痛,最终形成脚底筋膜炎。

(3)处理方法

采用康复治疗法,包括脚跟、脚底肌肉的拉伸,穿着带有足弓支撑的鞋垫或者穿鞋时在足弓处放置支撑物用以帮助分散足底的压力,或咨询医生进行药物治疗。

(4)预防措施

练习跳绳之前,要进行热身运动,结束后要放松;练习的时候应穿质地软、重量轻、弹力好的高帮鞋,这样有助于保护脚踝和足弓;选择平整、干净的练习场地。

3. 小臂酸痛

小臂酸痛是花样跳绳运动中常见的运动损伤,尤其是初学者初次参加跳绳运动,摇绳过多,会引起手臂肌肉的酸痛,一般经过一段时间的适应后会自行消除。

(1)症状

小臂上部屈肌的肿胀和酸痛。

(2)原因

平时手臂部位锻炼太少;跳绳时双手握绳太紧。

(3)处理方法

对小臂肿胀和酸痛处进行冰敷,治疗期间减少每次跳绳的运动时间。

(4)预防措施

用拇指和食指握住绳子,不要抓得太紧;在摇动绳子时,尽量用手腕转动来移动绳子;在跳绳前后注意拉伸小臂肌肉。

4. 踝关节扭伤

在练习时跳起落地失去平衡,使踝关节过度内翻或外翻致伤。在准备活动不充分、场地不平坦或技术动作错误的情况下,更易造成这类损伤。

(1)症状

踝关节伤处疼痛、肿胀、皮下淤血,韧带损伤处有明显压痛。

(2)原因

场地不平或者存在障碍物;动作技术错误。

(3)处理方法

在运动中踝关节扭伤要立即停止运动,冷敷受伤部位,然后用绷带固定包扎,以免再次扭伤,休息时将患肢抬高,减缓伤处的血液循环,以免淤血扩散。

(4)预防措施

练习跳绳之前,要进行热身运动,结束后要放松肌肉和关节;掌握正确的动作技术,脚尖和脚跟协调用力;选择适合的场地。

5.膝关节劳损

花样跳绳动作的表现形式主要是跳跃,连续蹬地、跳跃、落地的动作有助于锻炼下肢脚踝、膝关节和小腿后肌肉的力量,而错误的技术动作,则有引起膝关节劳损的危险,所以跳绳时要注意学习正确的技术动作。

(1)症状

膝关节肿胀、疼痛,关节囊内滑液增多,严重者活动关节会有响声。

(2)原因

通常是摇跳时勾脚,脚跟或全脚掌落地,不注意落地缓冲等错误的跳绳技术。

(3)处理方法

停止伤肢的剧烈运动,咨询医生进行治疗。

(4)预防措施

掌握正确的跳绳技术,腾空落地时前脚掌先落地,然后过渡到全脚掌,同时膝关节微屈,以减少落地冲击力对下肢各关节的影响。

第四节　花样跳绳的创意案例

花样跳绳通过各种元素的开发,让更多的人融入花样跳绳运动,喜欢花样跳绳。许多花样跳绳的创意都是在不经意中玩出来的。在现代学校课堂中,"小绳子,大花样"体现了许多教育者的智慧和经验。下面摘录几段形式各异的学校阳光体育案例。

一、阳光体育"两人一绳"实施方案

(一)活动地点

学校操场。

(二)参与人群

全校学生。

(三)活动时间

20分钟。

(四)队形组织形式

(1)将学校操场分成若干场地,以班级为单位。

(2)每个班级分成两路纵队,前后间隔1.5米,两人共持一根绳子。

(3)其他说明:不同的环节可以用不同音乐来指挥,以便学生明确内容。

(五)教学要求

(1)根据不同的音乐转换不同的跳绳内容。

(2)学生应在指定地点进行跳绳活动,避免干扰其他同学。

(3)根据学校的场地安排,有效开展活动。

(4)根据学校的实际情况制定相应的比赛机制。

(六)实施内容

1.准备部分(9分钟)

(1)3分钟在操场集合完毕。

(2)两人摇绳速度跳。

(3)两人配合拉伸。

2.基本部分(9分钟)

(1)两人面对面摇绳练习。

(2)一人连续跳,一人摇绳;然后交换角色,继续练习。

(3)两人依次跳后面对面摇跳,重复练习。

(4)两人并肩跳。

(5)换位跳。

(6)两人合作双飞跳。

3.结束部分(2分钟)

(1)两人互相拉伸。

(2)排队回教室。

(七)教学建议

(1)根据跳绳教材调整基本部分的内容。

(2)全校学生进行的内容与节奏保持一致。

(3)根据学校的情况通过音乐节奏控制跳绳的速度。

(4)合理利用学校的场地,有序地组织活动。

(八)教学评价

(1)根据学生技术的掌握和完成情况进行评价。

(2)根据学生参与活动人数进行评价。

(3)教师口头评价为主,学生可以进行辅助评价。

二、阳光体育个人绳案例

(一)时间

大课间20分钟。

(二)要求

(1)人手一根短绳。

(2)按班级划分区域,保证足够大的场地。

(3)整个活动配以音乐,时间20分钟,按活动流程配不同音乐,学生根据音乐变化不同的动作进行练习。

(三)活动流程

(1)准备部分(3分钟):全体集合整队,准备活动。

(2)单绳集体步伐(2 分钟):8 个动作,开合跳、弓步跳、前后跳、左右跳、提膝跳、踢腿跳、交叉跳、360°转身跳,每个动作做一个 8 拍,完成两遍,一共八个 8 拍。

(3)过渡阶段(2 分钟):稍作休息后进行 2 个动作,左右侧打摆绳和前后打,每个动作做 2 个 8 拍。

(4)30 秒速度跳(3 分钟):分两个小组进行练习,每小组完成两次 30 秒速度跳。

(5)个人创编(5 分钟):根据自己的技能和体能调整练习与休息时间,并创编跳绳的方法。

(6)集体双摇跳(3 分钟):分两个小组进行练习,每小组完成两次 30 秒双摇跳。

(7)放松结束及退场(2 分钟)。

(四)放松绳操

踢腿运动、体侧运动、体转运动、体前屈,集合整队退场。

(五)注意事项

(1)跳绳时学生之间的距离合适,不要相互影响。

(2)流程中每块内容可根据自己学校的特点进行修改。

三、阳光体育配合跳绳案例

(一)时间

大课间 20 分钟。

(二)要求

(1)人手一根短绳。

(2)按班级划分区域,保证足够大的场地。

(3)整个活动配以音乐,时间为 20 分钟,按活动流程配上不同的音乐,学生根据音乐变化不同的动作进行练习。

(三)活动流程

(1)准备部分(3 分钟):全体集合整队,准备活动。

(2)带人跳、并肩跳(5 分钟):尝试不同的带人跳动作,要求每人都要带人跳和被带。然后开始 1 分钟并肩跳,分两组完成。

(3)“时空穿梭”分组比赛(5 分钟):前 2 分钟进行练习,后 3 分钟进行“时空穿梭”比赛。

(4)车轮跳(5 分钟):前 2 分钟进行各种车轮跳练习,后 3 分钟进行车轮跳跑接力比赛。

(5)放松结束及退场(2 分钟):放松绳操:踢腿运动、体侧运动、体转运动、体前屈,集合整队退场。

(四)注意事项

(1)跳绳时学生之间的距离合适,不要相互影响。

(2)流程中每块内容可根据自己学校的特点进行修改。

四、阳光体育长绳实施方案

(一)活动地点

学校操场。

(二)参与人群

全校学生。

(三)活动时间

20分钟。

(四)其他

每个班级在指定区域内活动。

(五)组织形式

(1)将学校操场分成若干场地,以班级为单位。

(2)每个班级在指定的区域参与活动,班级可以分成若干个小组。

(六)教学要求

(1)根据不同的音乐转换不同的跳绳内容。

(2)学生应在指定地点进行跳绳活动,避免干扰其他同学。

(3)根据学校的场地安排,有效地开展活动。

(4)根据学校的实际情况制定相应的比赛机制。

(七)实施内容

1.准备部分(8分钟)

(1)4分钟内在操场集合完毕。

(2)体育委员带领全班进行拉伸练习。

2.基本部分(7分钟)

(1)长绳绕“8”字。

(2)集体跳大绳。

3.结束部分(5分钟)

(1)拉伸放松。

(2)排队回教室。

(八)教学建议

(1)根据跳绳教材内容调整基本部分的内容。

(2)全校学生进行的内容与节奏保持一致。

(3)根据学校的掌握情况通过音乐节奏控制跳绳的速度。

(4)合理利用学校的场地,有序地组织活动。

(九)教学评价

(1)对每个班级的创意进行评价。

(2)根据学生对技术的掌握程度和完成情况进行评价。

(3)根据学生参与活动人数进行评价。

(4)教师口头评价为主,学生可以进行辅助评价。

五、阳光体育集体短绳活动实施方案

(一)时间

20分钟。

(二)活动要求

(1)将学校操场分成若干场地,全校学生以班级为单位,人手一根短绳。

(2)每个班级分成一路或两路纵队,前后间隔1.5米。

(3)不同的环节可以用不同音乐来指挥,以便学生明确内容。

(三)教学要求

(1)根据不同的音乐转换不同的跳绳内容。

(2)学生应在指定地点进行跳绳活动,避免干扰其他同学。

(3)根据学校的场地的安排,有效地开展活动。

(4)根据学校的实际情况制定相应的比赛机制。

(四)实施内容

1.准备部分(9分钟)

(1)4分钟集合到位。

(2)随着音乐节拍并脚跳。

(3)绳操拉伸。

2.基本部分(6分钟)

(1)随着音乐完成两弹一跳、一弹一跳、开合跳、弓步跳,每个动作一个8拍,重复两遍。

(2)左右“8”字绕绳,左右各完成一个8拍,重复两遍。

(3)随着音乐完成脚跟跳、脚尖跳、前后跳、左右跳,每个动作一个8拍,重复两遍。

(4)原地踏步四个8拍。

(5)连续双飞。

3.结束部分(5分钟)

(1)绳操拉伸放松。

(2)排队回教室。

(五)教学建议

(1)根据跳绳教材内容调整基本部分的内容。

(2)全校学生进行的内容与节奏保持一致。

(3)根据学校的情况通过音乐节奏控制跳绳的速度。

(4)合理利用学校的场地,有序地开展活动。

(六)教学评价

(1)根据学生技术的掌握和完成情况进行评价。

(2)根据学生实际参与情况进行评价。

(3)以教师口头评价为主,学生可以进行辅助评价。

六、阳光体育长绳花样案例

(一)时间

20 分钟。

(二)教学要求

(1)人手一根短绳,长绳每 5 人一根,每个班级不少于 6 根。

(2)按班级划分区域,保证足够大的场地。

(3)按活动流程配不同的音乐,学生根据音乐变化进行不同的动作练习。

(三)活动流程

(1)准备部分(3 分钟):全体集合整队,准备活动。

(2)“乘风破浪”(4 分钟):12 人一组,每组两根绳,4 人轮换摇绳,其他人跳绳。

(3)10 人一组单长绳绕“8”字(3 分钟):考虑到人数不稳定,跳的人可相应地增加或减少,关键是保证两个人摇绳,其他人员作为跳绳者进行跳绳。

(4)“三角形”(3 分钟):至少 6 人一组,3 人摇绳,3 人跳绳,尝试不同动作或绳中绳。

(5)交互绳(5 分钟):尝试各个方向的进出绳、绳中绳,交互绳同样也可以进行绕“8”字比赛。

(6)放松结束及退场(2 分钟):放松绳操——踢腿运动、体侧运动、体转运动、体前屈,然后集合整队退场。

(四)注意事项

(1)跳绳时学生之间的距离合适,不要相互影响。

(2)流程中每块内容可根据自己学校的特点进行修改(表 6-1)。

表 6-1　量化评价

项目	30 秒单摇/次数	30 秒双摇/次数	个人花样/次数	等级等别
成绩	60	10	10	合格
成绩	70	20	13	较好
成绩	80	30	17	良好
成绩	90	40	20	优秀
成绩	100	50	24	达人
成绩	110	55	28	三星达人
成绩	120	60	30	五星达人
成绩	140	70	32	跳绳王

第七章　花样跳绳技能学习层次与练习方法

第一节　花样跳绳技能学习层次

一、身体动作符号学习阶段

（一）学习特征

人类的体育活动也是学习运动技能的一种形式，其本质是一种“符号”活动。人们练习运动项目，是基于人们自身肢体和身体上做出一定的身体行为和身体动作，而身体行为和身体动作中具有隐藏身体（语言、非语言）信息、传递特定信号、表达内心情感、传递精神价值、展现体育文化内涵等作用。

对花样跳绳所展示的每一个动作组合及动作要素的认知，加上对所隐藏的花样跳绳象征意义的了解，进而解构出组成花样跳绳技能的身体动作符号，可帮助我们大脑厘清并记忆相关技能动作。

最小单元的动作要素（或动作组合）在构成体系化体育项目的同时，也具有一定的意义象征。在练习花样跳绳技能中，身体动作符号的学习是花样跳绳学习者在身体（绳体）动作符号库基础上，运用身体符号动作工具对自身符号动作及其实践能力进行的逐步提升、拓展，并为学习与掌握整套技能动作打下坚实基础。

从认知心理学、符号学可知，身体动作符号是花样跳绳运动技能学习中身体动作至动作技能的一个学习过渡阶段，是花样跳绳运动技能学习形成的基础层次阶段，可作为花样跳绳运动技能学习认知的起点。

身体符号动作学习阶段可以说是学习者对隐藏在动作技能中的身体语言信息（符号）和身体非语言信息（符号）的学习。身体符号动作是身体动作的意义符号系统，是由多种符号形式的有机结合体呈现出的多种多样的形态。

语言符号就是其中一种呈现形态，其常指书面语形式的文字形态符号，在不同领域有其特定的概念意义和形态表示；非语言符号是另一种呈现形态，指的是不借用有声语言和书面语言的方式表达信息（除语言符号之外的其他任何传播符号），便于表达形象具体化的信息内容。语言符号与非语言符号，可以助益学习者对花样跳绳技能动作的表象、花样跳绳技能动作的相关概念、花样跳绳技能动作形成的基本轮廓的理解。

语言本身是一种特殊的符号系统，在符号学中，语言符号主要指的是借用语言和文字的方式表达信息。语言符号在花样跳绳动作技能中是以专业动作技能术语进行表达的，将复杂的动作技能简化为单一的肢体动作、肢体表情、身体姿势、声音等概念或术语模式，通过教练员发达的思维及智慧的判断(认知加工)后传授给学员,学员对教练员的深度剖析进行模仿或学习。

花样跳绳专业动作技能术语的学习有助于教练员和学员对此项运动技能进行规范、标准的教和学,把花样跳绳术语分为"绳具术语、基本动作术语、跳绳的基本动作"三大类。可以把花样跳绳运动的术语分为组织类、赛事类、项目类、技术动作类及其他术语五大类。可见,此项专业技能术语,是教练员和学员掌握标准正确的动作技能不可或缺的学习、练习环节。

在所有运动项目中,通用体育项目术语分化出的单一运动项目术语子集,它们之间具有一定包含关系;单一运动项目的语言符号会表现出特定项目的特有的专业语言符号的特点;而花样跳绳中的语言符号以其术语分化出各种子集术语符号来表示。

目前,"非语言的行为模式"受到了一定的关注,于是产生了"身体语言学"这一新学科,而这门学科也是以它为研究对象来进行的,从社会心理学、认知心理学、信息传播等视角来分析体育课堂教学,则是教练员与学员双方特殊的人际沟通交流信息的过程,也是双方情感交流的过程。

在体育教学信息传播中,体育教练员的非语言符号主要运用非语言和文字的方式表达信息,并协助借助手势语、体态语、眼语、面部表情和时空语言(空间语言)等非语言运动技能信息符号将信息传递给学生,使学生的运动技能认知、水平、心态不断趋于一种协调发展状态。

通过查找相关非语言符号文献得知,非语言符号包含视觉性(图像、颜色、光亮和人的体语等)和听觉性(音乐)非语言符号系统。身体动作是三维视觉符号,在花样跳绳技能学习中非语言符号的学习以身体动作、动作表情、身体动作姿态、身体所持器械、展示技能动作的图解图形以及技能学习所在环境的传播等形式出现。特别是对高难度且技术要求高的动作技能学习,如:不同难度动作的手翻、空翻,单人单手持跳绳独自完成各种不同难度多摇动作基础上累加的手翻、空翻动作,单人或多人手持跳绳共同完成各类多摇动作基础上累加的各类手翻、空翻动作等,教练员会运用非语言符号帮助学员在心里建立一种强大信念(体育精神)的同时,厘清技能动作概念、逻辑。

身体符号动作学习阶段可通过对语言符号学习和非语言符号的学习,提高学员的动作认知,丰富学习者大脑神经中枢的身体动作符号储备,提高学员的运动逻辑思维能力,缩短学习者大脑神经中枢接收刺激信号后思考分析、形成应变方案的时间,提高对信息的处理能力。

(二)练习方法

鉴于以上理论知识的论述,身体符号动作学习阶段是对语言符号中"赛事组织术语、专业绳具术语、技能动作术语(基本动作术语、特殊动作术语)、项目类别术语及其他术语"的学习,对非语言符号中的"辅助保护符号、身体动作姿势符号、图像符号、指示符号、象征符号、音乐符号"等的学习认知。花样跳绳动作技能在身体动作符号学习阶段,可通过教练员讲解示范、视频展示等方式进行学习与练习。

二、技能动作链逻辑学习阶段

(一)学习特征

在神经系统支配下,身体运动结构和功能体系使身体骨骼、肌肉、关节与其他组织有机地融合在一起形成。花样跳绳技能动作主要由头部、躯干、上下肢等其他身体部位组成,其共同产生了各种关节屈伸、旋转等其他运动的连锁反应,同时也形成了不同的身体运动姿势、身体运动方向、身体运动形态、身体动作部位和身体动作做法。

花样跳绳是一种上下肢高度协同配合、人体神经与感官系统高度统合的运动项目。在花样跳绳运动中身体运动状态的变换(化),会使人体的头部、躯干、手腕、上肢、下肢及脚踝等多个关节之间动态有序衔接成运动链的结构,而“结构决定功能(运动链结构决定运动功能)”,随运动状态的改变,会出现身体中力与力之间的相互作用、能量与能量之间的产生、转换及消耗现象,那么运动链中任何结构有某种程度的缺陷或激活程度不足都会影响动作技能的表现,运动链内部结构的协调可提高力与能量的传递速度和保持能量的稳定性以及降低力和能量在传递过程中的损失,进而达到运动外在表现能力的提高。

鉴于对以上理论知识的论述,我们需要对运动链内部结构进行仔细研究,查找相关文献分析得知,不同研究领域对其认知不同。“运动链”是指人体的几个部位通过关节按一定(自上而下或自下而上)顺序连接组成为一个复合运动链。上肢运动链自上而下的连接分别为间带、上臂、肘关节、前臂、腕关节、手等,下肢运动链自上而下的连接分别为髋关节、大腿、膝关节、小腿、足等。运动链反应是指在人体运动链中某个关节原发的运动可以导致相邻关节产生向上、向下、向左、向右的运动。人体动力链是指在体育活动中,由人体的神经、肌肉、骨骼等组成的一种特殊的时空结构。运动链包括神经、骨骼、关节、肌肉、筋膜、韧带和肌腱。

运动链内部结构主要由神经链、关节链和肌肉链组成并协同进行作用表现。而在花样跳绳项目中,运动链内部结构也主要由神经链、关节链和肌肉链组成;运动链的激活在一定程度上可促进上下肢、躯干、手腕与脚踝关节的协调性,从而使力、能量自下而上的传递速度得到提高,最终使学员力和能量作用于“摇绳、跳绳”的速度上。

1. 关节链

关节链是人体各关节之间通过关节的连接而构成的链条,它的作用主要依赖于关节和关节的构造与作用,其可以维持人体姿势和动力的传递。在花样跳绳技能中,关节链的作用表现主要依据上肢的肩胛关节、肘关节、腕关节和下肢的髋关节、膝关节、踝关节等各关节之间协调衔接成一个动力链。高效动力链可加强动作稳定性与动作灵活性间的和谐统一,最大限度降低身体关节间的能量泄露。

将花样跳绳运动过程分为蹬地起跳、腾空过绳、落地缓冲三阶段,蹬地起跳—腾空过绳阶段结束足部开始触地,人体即将接受地面反作用力的冲击,为防止人体自身出现损伤就会最先通过提高膝关节和臀部的纵向位移来减轻冲击。

在花样跳绳运动中,肩关节绕冠状轴做环转运动;髋关节,也就是髋部,其灵活性可促进身体核心区域的稳定性,减少或缓解膝关节和腰部代偿动作情况的出现,在动力链中发挥着关键性作用;膝关节的稳定性可缓冲下肢跳跃带来的负荷,跳绳时膝关节的弯曲度表示了下肢缓冲负荷率;腕关节灵活性影响着摇绳速度的快慢和一些放绳动作的速度;踝关节的灵活性会影响绳过脚速度的快慢。

关节链的稳定性和灵活性的发挥取决于各关节协同组成的运动链(运动链),而动力链又由于肢体端起点与终点的活动程度不同,划分为开放式运动链和闭锁式运动链;开放式运动链是指肢体近端固定而远端活动的运动,其特点是各关节肢段有其特定的活动范围,远端活动范围大于近端;闭锁式运动链是指肢体段远端固定而近端活动的运动,其实际是将开放运动链的旋转运动转化为线性运动。人体在做花样跳绳技能动作时,上肢关节表现的是一种开放式运动链,下肢关节在着地时表现的是一种闭锁式运动链,起跳时则表现的是一种开放式运动链。鉴于以上理论知识的论述可知,人体在做花样跳绳动作过程中遵循运动链原则,且花样跳绳属于一种复合运动链的周期性运动。

2.肌肉链

肌肉链由若干肌肉单位和肌肉肌群组成,是人体运动链的能量产生的源头,不仅具有连接和保护骨关节的功能,而且有储存、释放、传递能量和力的作用。综合所有文献得知,肌肉链分为协同肌链、肌肉吊索链、肌筋膜链三大类,三者之间相互作用于骨骼和神经系统中,本书主要分析花样跳绳中的协同肌链。

构成肌肉链的肌肉包括:主动肌、对抗肌、单关节肌、多关节肌,它们在神经系统的控制下,共同进行精密的单一或连续运动。不同运动技能具有不同的运动结构,所需要的动力肌群也是不同的。运动中可以动员募集到的肌肉群与专项运动技能用(发)力肌群结构的一致性越高,那么肌肉收缩发挥的效果也就越显著,因此形成的肌肉链在力和能量传递过程中发挥的连续性就越强。

依据花样跳绳项目主动用力肌群的结构特征,手握在器械的左右两侧表现出上下肢体做环转动作,由此可知练习时需注意上下肢的协同配合,而上肢对运动躯体和下肢的同步激活则可提高它们之间的协调配合,直接或间接提升肌肉链的协调阈,从而提升肌肉链上能量传递的连续性和促进形成良好的运动链。在花样跳绳运动技能中,协同肌主要是指一组共同完成统一身体运动或动作的肌肉群。在并脚单摇跳中,腓肠肌与三簇主要协同的主力肌肉肱挠肌、肱三头肌的相关性消退,与尺侧腕屈肌的相关性加强,这表明腓肠肌促进全身肌肉的激活的同时也使得腕关节激活程度增强;在单摇交换跳动作中,伸肘与股二头肌呈负相关性增强,屈肘与股内侧肌的负相关性加强,胫骨前肌与股二头肌的负相关性加强,这表明,膝关节的稳定性增强、灵活性降低,踝关节灵活性增强,稳定性降低,上下肢间的协同度和下肢间肌肉协同度都有增强;在并脚双摇跳动作中,下肢肌肉间、上下肢肌肉间激活相关性增强;以腓内腓外肌激活为主的蹬伸动作中,腓外肌与胫骨前肌呈正相关性加强,而与腓内侧肌负相关性增强;在以肱挠肌激活为主的屈肌动作中,尺侧腕屈肌与肱挠肌、股二头肌负相关性增强,与腓内侧肌负相关性消退,肱三长肌与股内侧肌负相关性消退。这表明,在这一动作下的相关肌肉的协同程度提高了,且要比并脚单摇跳动作的肌肉协同度要高。鉴于对以上文献知识的了解,花样跳绳中的三种基本动作之间存在肌肉链,且随动作技能水平的提高，上下肢的肌肉与下肢的肌肉之间协同度增强、全身的肌肉协同程度也会增强。

光速跳是基于基础姿势髋部屈伸主导下突破下肢动作（髋关节、膝关节、踝关节）协调阈的一种练习方法，使髋关节、膝关节、踝关节的灵活、协调程度得到改善。在动作协同理论下可知，肩关节、腕关节的协调性在基础姿势髋部屈伸主导下突破下肢动作协调阈的练习方法也会随之得到练习，鉴于此，下肢动作协调性的增加有利于髋关节、膝关节、踝关节的灵活、协调，也有利于上肢动作的协调配合及与上肢关节对技能动作的练习。

3. 神经链

运动视觉对复合性运动链花样跳绳运动项目具有一定重要性。基于运动心理学、生理学角度得知，人体中发生的所有体育活动都是反射活动的结果，所有反射活动的形成都需要反射弧的参与。神经链是运动链之一，而这种链是通过神经系统来对人体中各个运动器官的感受器进行控制，再经反应器表达的一种链式结构，由此可以将神经链分为：保护性反射链、感觉运动链。

花样跳绳基本技能动作——单摇跳是指运动员双手摇绳，双脚以轮换跳的方法跳绳，每跳起一次，绳体跃过头顶并通过脚下绕身体一周（360°），在中央动作模式发动器（中脑）和脊髓激活支配下，使双手和双脚发生主动和被动的肌肉交替协调性收缩，从而产生单摇跳动作，由此，在跳绳过程中，保护性反射链对肌体节律性位移运动的产生起到了促进作用；人体在跳绳时，精力会出现高度集中情况，保护性反射链就会促进双手摇绳握绳柄的稳定性，对肌体起到一定保护和稳定的作用；跳绳过程中或结束时通过感受器自动控制身体的气道、呼吸肌的收缩来调节呼吸深度与呼吸频率，这就产生了呼吸保护性反射，从而起到对肌体呼吸的保护。

感觉运动链不仅包含反射性稳定链，而且包含感觉适应链两种。花样跳绳运动是一项需要感觉系统和神经系统共同参与的项目，大量本体感受器的参与对于内外界环境空间的变换刺激的适应性就会提高。骨盆链是反射性稳定链中最重要的一条链，在花样跳绳技能动作中，骨盆链以稳定性为主，关节部位的骨骼肌会发生下意识地自动调节正确的身体姿势，可维持并调节正确的身体姿势。

感觉适应链是解剖结构的水平关系之间、神经功能的垂直对侧交叉关系之间相互影响而又逐渐协调适应的一种链式结构。如：花样跳绳基本技能动作——单摇跳，双手双脚的参与由于人体长期以右侧手臂或左侧手臂为主力臂，而对侧手臂为弱力臂，那么学习者练习单摇跳动作就会受到不同程度的影响，主力臂会带动弱力臂进行练习，也就是主力臂的力量会因弱力臂的制约变得不那么协调，弱力臂也会因为主力臂的带动而变得协调；右侧踝关节功能受损，会影响到膝髋关节等其他关节肌肉结构上的适应；踝关节的稳定受到影响时，人体就会出现动作控制程序前馈变化，并表现出一种异常的运动特征；右侧下肢任意一个关节出现疼痛或损伤时，就会使左侧上肢关节肌肉产生代偿（力传递不均匀、能量泄露增加），从而使身体保持平衡。

综上，对花样跳绳技能动作链逻辑的认知，可以帮助学员厘清在花样跳绳项目中哪些身体结构决定着哪些身体功能；该认知，可以帮助学员高效发挥运动链，从而建立专项花样跳绳动作模式、一般花样跳绳准备活动动作模式及优质的花样跳绳动作模式，提高花样跳绳运动技能水平。

（二）练习方法

花样跳绳技能动作链的学习，是对肌肉链、关节链和神经链的学习认知。此学习阶段的练习方法可以运用整体练习法、光速跳法、重复练习法、复合反馈练习法以及“音乐＋节奏组合”练习方法等方法进行练习。

三、动作技能程序学习阶段

（一）学习特征

程序学习的目的是建立一种稳定的动作模式，而动作模式的稳定有利于运动技能水平的提高；花样跳绳属于速度灵敏类的动作模式，且该类动作模式注重动作的基本结构（技术动作组合）。花样跳绳技能的基本动作结构（技术动作组合）是由摇绳蹬地起跳、腾空过绳、落地缓冲动作组成，而“摇绳蹬地起跳—腾空过绳”技术属于跳绳中关键技术环节。

人体在花样跳绳运动中，上肢表现为开放式运动链，起跳时也表现为开放式运动链，而下肢着地时表现为闭锁式运动链。据此可以推理出“摇绳蹬地起跳—腾空过绳”这个动作的衔接过程属于开放式运动链，也就是动作控制理论系统中的开环控制系统；而“腾空过绳—落地缓冲”动作过程属于闭环式运动链。因此，花样跳绳有开环控制系统特点的同时又有闭环控制系统的特点，属于一种复合式运动链周期性运动。

开环控制系统是一种短时间快速动作的动作信息主导控制方式，该种控制系统执行者往往需要提前将动作计划好，然后对其进行激发，动作一旦开始，在动作过程中无修正和调整机会，而且也很少有意识的参与。“摇绳蹬地起跳—腾空过绳”的完成于一瞬间，由控制中心发出所有动作的控制指令，且运动中不能运用反馈进行修正。由此，在学习中学员需注意培养自己纠正错误动作的能力，以使大脑中形成正确的动作技能概念和程序。

基于动作技能学习与控制理论下，“摇绳蹬地起跳—腾空过绳”动作具有一定高组织（关联）性技能特点，其在空间、时间上具有紧密联系且又相互制约，摇绳蹬地起跳是过绳动作的基础，过绳受到摇绳蹬地起跳的速度、高度、姿势、位置、方向、节奏、韵律等因素的影响，即过绳动作的时间、空间操作特征对摇绳蹬地起跳动作的时间空间操作特征依赖性较高，是摇绳蹬地起跳动作后的接续动作，倘如没有正确的摇绳蹬地起跳动作，过绳动作会受到一定因素限制而无法正确完成。因此，摇绳起跳、过绳动作属高组织（关联）性技能，可完整练习。

而基于心理学家加涅的“累积学习”理论中的基本思想，“学习”是一个从低层次到高层次的累积过程，高层次的学习建立在低层次的学习之上。程序学习是在“斯金纳的行为主义操作性条件反射原理”下展开的，这一原理的基本规律是：若一个操作发生后紧接着给一个强化刺激，那么这个操作的强度就可以增强。操作强度增强的同时“练习”也占据着重要的位置，其关键在于“强化”，而“练习”为下一步的“强化”奠定了基础或做了铺垫。当进入学习的程序性阶段时，重要的是练习“强化序列”，包括一个反应和一个强化的刺激。

在一般动作程序理论中，开环控制系统就是以记忆为基础结构并对运动加以协调控制。

动作执行者为了获得所形成的动作与所表达情景需求最接近的某个动作，就必须在自身动作记忆中提炼出适当的动作步骤，并在此基础上增加一定的运动参数(动作时间、速度、幅度以及频率)。花样跳绳动作中的“摇绳起跳过绳”动作是一种高组织(关联)动作，“摇绳起跳过绳”动作不宜进行分割(分解)学习，鉴于此，将强化实践“摇绳起跳过绳”动作视为花样跳绳的动作程序记忆的基础，学员预先建立(存储)动作程序是具有起跳过绳固有特征的简单动作。

从张英波教授研究中得知，动作程序是人体做出动作的信息控制系统，其存储于大脑的长时记忆中，并对某个动作的细节、基本动作模式进行了规定。对花样跳绳“摇绳起跳过绳”动作特征的分析，可得出单双脚起跳之后身体腾空动作是一般动作程序的初始动作，经反复强化和巩固，可在学员大脑中形成一种固定的程序记忆；再经过一段时间后，对动作的固有特征熟练完成下，再逐步增加难度参数(缩短跳绳动作时间、提高跳绳动作速度、降低跳绳动作幅度、提高跳绳动作频率)，直至形成完整、正确、标准的花样跳绳动作。

此学习阶段是在前两个学习层次基础上建立学员与教练员之间积极反馈的过程；其学习原则是在建立完整动作技能概念、技能动作链逻辑基础上，提高对动作技能学习的控制，按逻辑顺序编排成程序性自主学习活动体系。将此体系中每个动作技能分解成若干单一、接续(有节奏韵律)的“小步子”进行专门练习。

通过以上论述可知，花样跳绳的核心和关键是“摇绳起跳过绳”动作，即先学习或了解认知起跳过绳动作固有特征的记忆程序，次之增加一定难度参数(缩短跳绳动作时间、提高跳绳动作速度、降低跳绳动作幅度、提高跳绳动作频率)。将“摇绳起跳过绳”视为一个整体学习，不容易造成动作脱节僵硬，有利于循序渐进地帮助学员掌握正确的起跳过绳动作，并在学员大脑预先存储这一套动作程序记忆，进而学习动作技能的效率也会得到提高。由此，花样跳绳技能动作程序学习阶段是掌握并明确关键核心技术，即起跳过绳，那么学员就可以自己依据自己学习能力独立自主制定练习步骤。

(二)练习方法

通过花样跳绳技能动作程序学习阶段的学习认知，可采用重复练习法、技能迁移练习法、“双侧迁移＋视频反馈”练习法、“音乐＋节奏”练习法、“整体＋分解组合”练习法等练习方法。

第二节　花样跳绳技能练习方法

花样跳绳是集计时计数、花样技巧于一体且时尚新颖的运动项目，花样跳绳种类繁多且复杂，动作特征呈现速度性、耐力性、力量耐力性和健美性，动作结构单一或者多元，主要由技能和体能作为引导因素。以体能为主导的速度性项目的运动技能特征为，动作速度快强度大，机体代谢水平高，是一项无氧运动；以体能为主导的耐力性项目的运动技能特征主要指发展练习者的耐力能力；以体能为主导的力量耐力性项目的运动技能特征主要发展练习者的耐力、快速(爆发力)及力量。综上论述，以体能为主导因素的项目对学员的肩肘腕髋膝踝关节、上下肢肌力(尺侧腕屈肌、腓肠肌、股直肌、臀大肌等)及爆发力的提高有影响。以技能为主导的健美性项目,动作形式多样,动作结构多元,这类项目有利于发展学习者的身体敏捷性、灵巧性,促进神经系统、视听触觉系统及本体感觉系统等各系统之间均衡发展,促进对技能动作的精确时空判断,增强自身对身体姿势的控制。

由项目本身特点可知,花样跳绳属于小肌肉群动作技能,包含了多种技能的动作特征(多种元素的单一动作组合成混合多元的动作组合)且“跳(跳跃)”动作居多,其不受环境因素的变化而变化、反馈信息主要来自本体感受器,是一项复合式运动链运动技能(上肢属于开放式运动链,下肢着地时属于闭锁式运动链,摇绳起跳时属于开放式运动链),该项运动技能在运行过程中,需要学员克服自身体重或一定的外界阻力(绳子摩擦力等),使自身或器械(绳体)在一定时间内获得最大的初速度或加速度(水平速度或垂直速度)。

综合以上理论知识的阐述,还可以得出,对花样跳绳动作技能特征的学习体现了对花样跳绳动作技能自身学习特点及规律的了解,把握花样跳绳动作技能学习特点及规律是学员有效学习或练习花样跳绳动作技能的前提条件。根据花样跳绳动作技能特征分析得出,花样跳绳动作技能学习具有两大特点:其一,花样跳绳动作技能学习对学习者两侧肢体具有对称性影响;其二,强调花样跳绳本身动作技能学习的完整性,促进对其他动作技能学习效果的提升。鉴于对花样跳绳动作技能学习特点的了解、认识和掌握,便于我们对花样跳绳动作技能练习方法的认识、掌握,从花样跳绳动作技能特征上分析出以下几种花样跳绳动作技能练习方法。

一、单一连续性花样跳绳结构动作练习方法

计时计数类的单摇跳、双摇跳、三摇跳运动项目是由单一的“摇绳蹬地起跳—腾空过绳—落地缓冲”技术动作不断重复或无数个相同“摇绳蹬地起跳—腾空过绳—落地缓冲”技术动作周期构成,我们常指的连续动作技能一般由重复性技能构成,由此可知计时计数类的跳绳项目属于一种连续性技能。此类连续性技能最基础、最关键、最明显的技术环节,是“摇绳蹬地起跳—腾空过绳”。

“摇绳蹬地起跳—腾空过绳”技术环节属于开环控制系统,“腾空过绳—落地缓冲”技术环节属于闭环控制系统,因此该项目属于复合式运动链技能。鉴于此,在练习方法上可选择光速跳练习法、整体练习法、重复练习法、复合反馈练习法。

(一)光速跳练习法

光速跳练习法是指在人体正常生理弯曲范围内,通过弯曲脊柱、髋膝关节以达到有效缩短绳体长度的一种“走步式”交换跳法,可促进学员在计时计数类花样跳绳项目(单摇跳、双摇跳、三摇跳等速度跳项目)上创造优异运动成绩、提升竞技速度跳水平,多采用钢丝绳进行练习。

光速跳法技术练习要点为:练习者首先呈基本姿势站立,大臂位于身体两侧、肩关节保持稳定、肘部与躯干保持十至十五厘米,切莫远距离张开,双手拳心朝前、拇指、食指、中指握绳柄(借助小臂发力带动手腕快速且小幅度抖动以便腕关节完成摇绳环绕动作),上肢躯干

与地面的夹角应保持在 60±15°、膝关节曲度在 179～145°范围内成屈体曲髋屈膝姿势（以保持身体重心稳定），双脚前脚掌依次跳过绳触地即刻脚尖沿着地面方向迅速收回，最终形成学员自己的摇跳绳节奏（节奏感）。

摇绳（摇绳频率）是整个跳绳动作的关键核心技术环节，这种练习方法可以促进摇绳频率（练习者在单位时间内绳体在矢状面内绕身体运动的周数）的提高，同时也可以促进手臂、腕关节灵活性和力量的提升，促进双手双脚跳绳配合度、节奏感的提升，避免或减少不合理动作姿势对身体产生的不利影响。

光速跳法可以采用无绳模拟练习、无绳跳绳练习、有绳跳绳练习依次循序渐进或科学合理排序进行练习，该练习方法较重视动作与动作之间节奏的连贯性，注重体能与动作技能之间的紧密性，这样有利于精准把握跳绳完整动作技能。

（二）整体练习法

整体练习法是将动作作为一个整体来练习，即把娴熟的动作作为一个整体来练习，从开始到结束，没有部分和段落。从对单一连续的花样跳绳动作技能的性质与特点分析来看，技能动作内部组织化程度高、运动技术复杂程度低、运动技能精细化程度高、动作结构单一，学习者易练习、易掌握，由此可知该技能适合整体练习。“摇绳蹬地起跳—腾空过绳”技术动作属于一种高组织（关联）动作，不宜进行分割（分解）学习，需要完整练习。

综上，对“摇绳蹬地起跳—腾空过绳—落地缓冲”这一连贯持续的技术环节进行整体练习，在整体练习时应注意以下问题：①注意跳绳长度，跳绳长短的调节是练习花样跳绳的基础环节，再加上每个学员身高不同，据相关资料显示，最适速度跳训练的绳子长度为自身肚脐高度，花样跳绳的训练绳长为肚脐高度以上；②需注意双手摇绳的速度，防止器械（跳绳）快于或慢于双脚起跳过绳的速度而产生双脚过绳时机不当出现的失误；③需注意双脚起跳腾空的高度，过高或过低都会影响绳体过双脚的时间，导致动作失误；④需注意屈体屈膝屈髋姿势，这一姿势在于缓解重心过高或过低；⑤需注意双脚与双手配合的时机；⑥需注意跳绳时小腿后叠现象等。

（三）重复练习法

单一连续性动作技能特征具有不断重复性，“意识（动作意识）”的正强化重复训练所形成的正确肌肉记忆可以促进技能（作品）的完美再现，而重复可以促进“动作意识（意识）”的经验累加功能积极发挥，重复练习法可以说是帮助学员形成一种正确的动作意识，而这种意识有助于学员本体感觉的形成，促进运动技能动力定型和正确运动技能形成。

重复练习法指的是多次重复练习同一个技能动作或重复练习同一组技能动作形式，两次及以上次数之间留有相对充分的间歇时间的练习方法。通过一线跳绳教练员教学实践的总结，得出重复练习法可分为重复完整练习法、重复循环练习法、重复比赛练习法。

1. 重复完整练习法

重复完整练习法是指将一种运动技能从开始到结束多次进行练习，且两次练习之间安排间歇的练习方法，有利于强化运动条件反射过程、机体适应性机制的形成，适应于此类技能动作的练习。

重复完整练习法在动作结构单一、连续的花样跳绳技能动作中的运用就是，不断重复完整的“蹬地起跳—腾空过绳—落地”技术并对其进行完整重复练习，直至形成动作动力定型。

2.重复循环练习法

重复循环练习法指的是根据教练员布置给学员具体的学习任务，将单一动作技能不间断、循环地设计为若干个练习站点，并遵循一定的顺序和路线，依次完成组合技能动作（成套动作技能）任务。

重复循环练习可帮助学员在树立完整技能动作概念基础上，对花样跳绳动作技能形成过程进行循序渐进的学习，多次重复练习后，使学员大脑皮层动力定型逐渐巩固稳定，进而完善大脑皮质与相关运动中枢神经间的联系，使动作更精确协调。

学员在花样跳绳技能练习中，采用重复练习法有助于帮助学员自身巩固与形成动力定型，建立一种稳定条件反射，减少动作幅度过大、降低学员自身发力不均匀、降低学员技能动作的失误率，增加正确精确技能动作的准确率等。在这种练习方法下，注意合理制定练习时间、次数和间距（花样跳绳的“绳”属于身体肢体的延伸，其占据的练习场地面积较广）。

3.重复比赛练习法

计时计数类的单摇跳、双摇跳、三摇跳运动项目充满了竞争性、挑战性、刺激性等，特别能激起学习者练习的兴趣。经查找的文献资料可知，这种练习方法还是一种思想教育方法，用比赛或游戏的形式，加深学员对动作技能的理解。

运动训练学科中比赛训练法实践应用在体育教学中，进而演变为一种比赛练习方法，可激起学员不服输的斗志、永争第一的豪气、展现自我的勇气等。由此，重复比赛练习法是指按照花样跳绳竞赛规则和方式进行多次模拟同一个练习方法，可让学员通过以赛代练形式了解自身（体技战心智等方面）不足，进而反馈给教练员，从而使学员技能水平得到全面系统的提高。

（四）复合反馈练习法

花样跳绳属于复合式运动链技能，具有开环控制系统和闭环控制系统的特点，由此在练习该项运动技能时需考虑复合或组合式的练习方法。从一些学者的文献研究中得知，反馈研究在以体操为例的技能主导类健美性项目上研究较多，也就是说反馈在技能主导类健美性项目的技能学习中作用明显度会大一些，因此，采用复合反馈练习方式或方法可有助于花样跳绳练习者动作技能练习水平的提高。

复合反馈练习法主要是练习者自身内在反馈与所给予的外在反馈之间有机结合的反馈形式，它是促进练习者运动技能水平提高的一种练习方法。外反馈是在学员练习跳绳时，其自身所展示的动作技能、外部的身体姿态通过外部的信息源（视听与感知觉）提供的一种反馈，如教练员反馈的身体形态姿势等问题。内反馈是学员在进行跳绳练习时，肢体肌肉、关节、神经所提供的自然动觉反馈，如做出的跳绳动作幅度、速度等动觉反馈，是人的身体动作表现认知模型的基础部分。有外反馈没有内反馈或者有内反馈没有外反馈，都是不利于动作技能形成与掌握的。

复合反馈就是教练员引导学员用心观察示范，学员亲自进行练习，教练员指出学员的错误动作，学员再次练习，这一反馈方式中有内外反馈信息互相转化的过程。通过教练员展示层次性(高水平和初学者)动作技能，使学员在脑海中形成标准技术动作的知觉痕迹的同时，也能在教练员讲解动作要领所给予的外在反馈中明确动作技能的关键技术环节。学员还可进一步通过优秀学员与镜面反馈与录像视频给予的外在有效反馈信息和教练员的反馈信息[镜面反馈与录像(短)视频反馈是常用且便捷的一种外在反馈方式]，强化自身内在反馈，使内外反馈信息有机融合，进而促进学员持续对自身动作技能认知与练习的微调，提高技能动作的应变性。

二、多元序列性花样跳绳结构动作练习方法

通常把需要指定动作开始和结束位置的技能称为分立技能，可见这类动作技能项目组成部分中的一系列分立技能或一个动作序列，就构成了序列动作技能。这些项目的动作技能特征具有连续性技能、分立性技能的性质特点，由此对该类动作技能的练习可选择技能迁移法(同项群迁移练习方法、交叉迁移法或两侧迁移法)、整体＋分解组合练习法、音乐＋节奏组合练习法等。

(一)技能迁移练习法

花样跳绳动作技能是“操作性学习”的一种，由内隐智力和外显身体操作共同完成，学习者用强势肢体学习花样跳绳技能动作时，在留下运动表象的同时，还会留下操作程序规则方法等，这会给弱势肢体学习动作技能起到一定指导作用。

动作技能的学习主要建立在迁移的基础上，通过技能之间的迁移，可以促进学员对多个动作技能的学习、练习。技能之间发生迁移现象，说明技能之间的学习任务或学习情境(技能和情境构成、认知加工程序)具有一定相似性。

1. 同项群技能迁移练习方法

体操、健美操、武术等属于以技能为主导的难美性项群，多元序列性花样跳绳动作技能结构主要以技能为主导的难美性项目，动作形式多样、动作结构多元，这一序列动作中融合了体操元素中的空翻类(前、后空翻)、手翻类(前、后、头、侧手翻)、技巧类(纵横跳、毽子)、力量类(单双手俯卧撑、跳箱)、转体类(转体180°)动作等，融合了街舞元素，融合了武术元素中的九节鞭类、转身横扫腿动作等，融合了健美操元素中的步伐类动作(弓步、开合、左右、吸腿以及小马跳等)等。多种技能的融入可有助于学习者触类旁通，将其他运动技能“迁移”到花样跳绳运动技能学习当中，促进技能学习效果提高。

健美操对花样跳绳动作技能的学习具有正迁移，可提升练习者对花样跳绳动作节奏、动作标准的准确掌握。体操训练特点与花样跳绳训练特点具有一定相似性，可实现花样跳绳与体操之间学习能力的迁移。因此，花样跳绳与健美操、体操、街舞、武术等技能之间含相互迁移的共同要素。

2. 交叉(两侧)迁移练习方法

交叉迁移或两侧迁移是指在学会一侧肢体操作某种动作时另一侧肢体就会很容易学会对该动作的操作(或身体强侧技能逐渐向弱侧技能迁移并借助强侧肢体技能带动弱侧技能

水平的提高,使两侧肢体技能水平均衡的过程)。这种交叉迁移在身体对称部位发生最明显,如左边手或腿的技能向右边手或腿的技能迁移。

通过对花样跳绳动作技能的学习特点进行分析,可知学员的两侧肢体表现出对称性特点。花样跳绳动作技能本身是一个需要双手双脚高度配合的项目,具有一定的对称性,一侧肢体对某种技能动作的操作就会影响另一侧技能动作的操作,所以在练习花样跳绳时可以采用交叉迁移练习法。

在序列性的花样跳绳动作技能中,单手摇绳、双手摇绳、单双手变换摇绳方式及双手位置的特殊决定了所展现动作的多元性。相关资料表明,非优势侧肢体向优势侧肢体迁移效果要优于优势侧肢体向非优势侧肢体迁移,为使双侧肢体技能水平均衡,先左手后右手的交替练习顺序方式对技能的掌握效果要优于先右手后左手的交替练习顺序方式。由此,在多元序列性的花样跳绳动作技能中,可以采用非优势侧肢体向优势侧肢体迁移方式、先左手后右手练习方式进行练习,促进学员对花样跳绳技能学习能力和非优势侧肢体掌握运动技能的提升。

(二)双侧迁移+视频反馈练习法

随着花样跳绳逐渐进入人们的视野,传统的教学方式在当下暴露出许多不足,越来越受到挑战,因此,探索新的技术教学方式、现代化的教学方法或手段对于提高技能水平标准与项目普及度是具有很重要的意义的。

双侧技能练习与视频反馈练习逐步进入动作技能课堂教学中,双侧技能练习与视频反馈练习分别来自双侧迁移理论、反馈原理,这两种机制原理的有机结合可促进更好教学效果的产生。

由上节理论知识的论述,我们得知反馈有内在反馈和外在反馈,技能迁移有同侧迁移和两侧迁移。又通过查找相关文献资料得知,外在反馈在动作技能学习和练习过程中,有助于激发学员学习的动机、强化其学习、提供一定的信息等作用,但对外在反馈有一定的反依赖,可见,使学员自身建立一种有效的反馈调节机制是有必要的;技能迁移可促进学员自身构建一种合理的反馈机制,帮助学员在已掌握动作技能的基础上尽量消耗最少的时间和能量,加快学习新技能的效率与速度。

视频反馈属于一种外在反馈,指借助高速影像设备录制学员个人技能动作示范或标准技能动作示范的录像形式,使之形成对比且以对比的结果指导学员个人进一步地练习,从而加深学员对标准技能动作的认识及发现自己动作技能存在不足之处的一种新型练习方法。融入了视频反馈方式的技能迁移练习,可使学员的大脑皮质中的运动感觉(视觉、听觉、位觉和本体感觉等)建立一种新的联系。由此,在练习序列跳绳动作技能时,依据教练员提供的听觉信息、视频提供的视觉信息、双侧技能练习提供的本体感觉信息或新的运动感觉信息,使学员自身获得反馈信息的渠道增加,从而加快学员对跳绳动作技能的学习与掌握。

(三)音乐+节奏组合练习法

音乐的有效运用完成、创新性的选择编排是裁判员评判一个花样跳绳套路完成的标准原则之一。音乐元素作为花样竞赛编排规则的规定元素之一,在单位时间不同音乐节奏中所编排的整套技能动作具有多样性,随着音乐节奏以及观众、队员的各种声音融入,会使运动员获得更高的分数,教练员在整套技能动作编排上会采用具有震撼性、观赏性、娱乐性的动作。

体育运动技术主要包含七个要素,即身体姿势、运动轨迹、时间、速度、速率、力量以及节奏,因此,"运动节奏"是运动技术七要素之一。"节奏"是身体运动时做出的技能动作协调、省力、稳定的表现。

花样跳绳是一项具有节奏韵律的运动,节奏训练对于花样跳绳运动是很有必要的,有着不可取代的作用。节拍器作为一种节奏重复训练手段,对于花样跳绳运动节奏效果的提高是显著的,采用这种训练手段,花样跳绳节奏感得到提高的同时节律控制能力也会得到一定程度的强化,还会形成一种"肌肉记忆",使学员跳绳过程的动作技术趋于稳定。

节奏感较强的运动员在比赛中的失误率低,完成质量高,动作流畅,绳弧度饱满。教练员为培养学员这种"绳"感或节奏感,基础练习阶段可采用慢节奏,如 30 秒 60 下、30 秒 65 下、30 秒 70 下、30 秒 75 下节拍器训练,逐步过渡到 30 秒 80 下、30 秒 85 下、30 秒 90 下、30 秒 95 下、30 秒 100 下。

花样跳绳技能动作多由多个"8 拍"动作组合而成,也就是 1 个 8 拍 2 个号,不论是速度跳还是花样跳,都是有节奏节律可循的。这里的花样跳绳节奏练习法是通过听觉与本体感觉之间的互相作用,帮助学员自身内部节奏(自身身体动作的节奏律动)和外部节奏(外来声音节奏律动)更好地融合,外来声音节奏律动可刺激学员自身听觉节奏的练习强化,转化为一种"手摇脚跳"的练习方法,促进学员多感官系统的协调。

听觉节奏采用 4/4 拍,每一个节奏内一个强拍和三个弱拍交替出现,这种节奏交替练习法,一方面通过每个节奏间的时间间隔作为引导,使学员建立合理的"跳频";另一方面,通过节奏内强弱拍的变化引导学员建立合理的周期内动作节奏。根据专家访谈结果可知,花样跳绳节奏训练时采用 120 次/分钟的节奏练习有益。

花样跳绳所有的技能动作中,缠绕绳、过渡连接的技能动作除外,其余大部分都是持绳跳跃的花样跳技能动作,采用音乐练习应考虑音乐选择需结合具体花样跳绳技能动作的节奏缓急强弱,并需突出其技能动作的旋律,有关文献资料表明,一般 2/4 拍或 4/4 拍的音乐适合练习,例如:电子音乐、摇滚、爵士乐等。

(四)整体+分解组合练习法

完整练习法和分解练习法之间不是孤立存在的,它们之间呈现出一种相互依存的关系,也就是说由分解直至完整,完整练习包含分解练习。把难度高、路线较复杂的技能动作简化分解为单一动作技能,并进一步对单一动作技能实践强化练习,逐步形成正确动作技能的方法。单个动作间的分解练习或多个动作之间的分解练习,往往存在着递进关系,方式如:完整练习接着分解练习接着完整练习、先"分解为较微小的小技术动作单位"递进为"逐步过渡为由若干小技术动作单位组成的中单位"递进为"紧接着掌握完整的技术"、动作技能先分解—动作技能再完整—动作技能再分解—动作技能再完整等。

花样跳绳教学在"整体—分解—整体"指引下,把复杂难度高的花样跳绳动作技能进行简化分解练习,并逐层过渡到花样跳绳系统层次的练习中。在多元序列性花样跳绳动作结构中,对单个分立动作技能采用分解练习方法,而多个单一动作技能编排成的序列技能采用完整练习法。以跳绳为器械载体与融入体操、健美操、武术、街舞等动作之间发生一系列有序合理的互动反映,使之成为花样跳绳技能动作套路,如:跳绳体操+跳绳健美操+跳绳武术+跳绳街舞动作组成的序列动作,运用分解练习方式练习单一元素(跳绳体操、跳绳健美操、跳绳武术、跳绳街舞等)或练习跳绳体操+跳绳健美操元素组合,或跳绳体操+跳绳健美操+跳绳武术组合,或跳绳健美操+跳绳武术元素组合,或跳绳武术+跳绳街舞元素组合,熟练完成单一元素的动作技能或两三个元素技能组合后,最后进行完整练习,掌握完整动作过程。

第八章　符号学视域下的花样跳绳文化及传播

第一节　符号学与花样跳绳

一、符号学的概述

20世纪初，符号学是继传播学、信息论、控制论等出现后，逐渐发展的一门学科。符号学中的符号，与日常生活中人们理解的象征有所不同，这种象征是被系统化了的。符号学则是探究符号及语言符号与非语言符号的科学体系。对于符号的研究，西方早在古希腊时期便已展开，西方注重研究语言符号现象。中国则是在殷商时期开展研究的，注重研究非语言符号现象，即意指在能指和所指之间形成的过程，从此诠释符号意义的帷幕便拉开了。

（一）符号学的代表

近代来说，再次掀起高潮的是由瑞士语言学家索绪尔提倡的，索绪尔注重从结构主义语言学的层面阐释符号学，围绕能指和所指、组合和聚合、言语和语言等相关概念，符号学应该探究社会可以接受并且以约定俗成和大众习惯为基石的符号表达方式。这一方法和理论是符号学研究领域重要的部分，促使符号学的研究和应用领域遍及相关文化和传播领域。

另一位符号学代表是莫里斯，他把符号学划分为三个部分，分别是语构学、语义学、语用学，语构学涉及结构学，研究符号的组成形式和关系。语义学涉及心理学，研究其中的意义。语用学涉及传播学，研究其意义产生的效果。莫里斯的学说为符号学的研究提供了明晰的架构。符号学的所有问题都可以利用这个架构进行深入研究。

美国著名美学家、哲学家苏珊·朗格在其哲学新解中写到，符号论的意义在于符号是开启精神世界的大门的钥匙，人类区别于动物的思维体现就是精神世界，符号和意义引领人们认识一个崭新的世界，远远超出了感官世界的局限。

（二）符号学方法的四个层次

第一，通过符号的视角看待对象，探寻事物的内在意义。

第二，随着符号学的发展，其过程中形成了许多相关的理论和概念。例如能指、所指和意指等。

第三，从符号学内在联系出发，形成的三种研究层次：符形学、符义学、符用学。

第四，主要的几个派别各自所持的观点和解决问题的方法与流程。

综上所述，通过对符号概念、符号学的起源及派别的剖析，我们对符号和符号学有了全面和崭新的理解。符号不再是浅显的字面理解，它是经过一定的时效约定后使用和传递，表达字面之外的意义和价值，它具有文化象征和文化传播的功能与意义。无论从哪种角度对符号进行诠释,其都具有一致的核心,那就是符号是信息的载体,它是人为规定的,它代表的某事物不是事物本身,是人类用来描述世界的一个特殊的标记。例如"做一颗永不生锈的螺丝钉",这里的符号螺丝钉代表了像雷锋一样的人。而螺丝钉本来代表一种带螺纹的零件,经过人类对其意义的延伸,成其为了雷锋的替代符号。符号学的方法论是一个相对综合的概念,符号学理论即符号学方法。符号学从一个总体性的视角来研究相关内容。总之,符号学方法的优点是能够深度洞察和挖掘研究对象潜在的意义。

二、符号的分类

从感官对符号进行分类可以把符号分为以下五种类型,如表 8-1 所示,分别是听觉符号、视觉符号、触觉符号、本体感觉符号和综合感觉符号。

表 8-1　符号的分类

分类	概述	举例
听觉符号	即符号系统中的所指,借助符号实体,通过听觉感知并进行识别的符号	比如声波是音乐符号的实体,接收音乐符号传达时,是通过听觉来感知和识别
视觉符号	指的是通过视觉感官感知并识别的符号	例如文字、图形等就是视觉符号的代表
触觉符号	指的是可通过触觉感官感知并识别的符号	例如盲文可以代表触觉符号
本体感觉符号	符号系统中,每个所指与本体感觉相结合最终组成的符号	例如身体的姿态和肢体的位置都是本体感觉符号的展现
综合感觉符号	是指由身体的多种感知系统共同协作来感知	例如本体感觉即是综合感觉系统之中的体现

三、符号的创建过程和作用

(一)符号的创建过程

一个符号学意义上的符号并不是简单地将可视的图像称为符号,而是经过创造符号的过程,对表现形式价值和意义的赋予,最终成为符号。在创建的过程中,人们赋予一个貌似符号的可感符号形式即所谓能指,以某种抽象的符号内容即所谓所指。最终使得能指与所指具备了稳定的关系。其意指即对符号赋义、赋值的符号过程。最终一个能指与所指相互依存、紧密联系的双面体——符号便诞生了,即创建符号的过程。

(二)符号的性质和作用

为何要创建符号,源于符号自身的性质和其发挥的作用,即价值的传达。符号具有认知性和感知性两大特点。

首先是认知性,在符号的能指和所指中,能指需具有可感性,并将所指的抽象不可感的承载其上,当接受信息时,只要知道能指代表的可感形式,便可以理解所指的理性内容。这便是符号为实现抽象信息的传达而创造的原因。其次是感知性,能指具有感知性,是价值传达和关键所在。注意,符号的实体物理性并不是能指,所以无法关联到符号的所指上。

符号的作用是为了利用符号来实现信息和价值的忠实传达,这便是实用功能。实用功能是由前后相互关联的表达功能、意指功能、驱动功能三个子功能组成的。其中表达功能是先决条件，意指功能是根本保证，驱动功能是根本标志。表达功能是发信人对表达的意愿和其自身行动的存在。意指功能是恰到好处承载信息的功能。驱动功能则是对收信人实施驱动，让收信人做出期望的反映。只有在这三个部分切实实现的条件下，符号才会实现忠实传达。

四、文化的理解

文化是一种意义模式，文化借助符号体系得以在历史上代代相传，人们借助符号体系下的文化相互沟通，符号则将文化要展现的观念存储与象形的形式中。文化具有传播性并为人类社会共同享有。

文化的结构，从广义上理解可将其划为三个层面：核心的精神层，中间的制度层，外层的物质层。也有专家将其划分为物质文化、制度文化、行为文化和精神文化四个层面。无论是三层次理论还是四层次理论，都一致认为文化自身的结构应该是多层次的，其中物质层面是指承载在物质之中的价值态度、知识审美、思维方式等，并非纯粹的物质自身。文化资源的存在形式可以是符号化的、可感知的，也可以是思想的、想象的。

五、符号学与花样跳绳文化对接的时代诉求

（一）对接动因

随着符号学理论的建立，相应的文化及其含义得到一定的拓展和升华，符号学理论提供了创造意义的工具、揭示了阐释意义的过程，并点明了理解意义的语境。

一方面，随着符号学的兴起，其发展领域逐渐扩张。越来越多的科研人员从自己的研究领域出发，吸取并借助符号学的思想，拓宽自身的研究领域，最终呈现出与符号学相关的研究体系。从起初的文学方面延伸至传媒、艺术、旅游、建筑等相关领域，不胜枚举。从符号学视角出发，结合管理学、经济学、社会学、文化学等相关学科对花样跳绳文化中符号进行探究，揭示其意义。并将符号学方法论作为看待花样跳绳运动与其文化间关系的一种思考的方式，从而展开全面研究。

另一方面，我国拥有历史悠久且丰富的传统体育项目，要想充分发挥我国的传统体育文化，就需要借用现代新兴的方式进行包装和创新，拓宽途径、广为传播，让更多的人认识并了解，最终喜爱并逐步渗透扩散开来。在我国几千年的历史中，很多民族传统体育项目不但继承了优秀的传统文化，而且不断汲取和融合相关文化的优秀成果，最终形成了璀璨的中国特色体育文化。而其有效手段之一就是利用符号学，符号文化就是借助符号来表达文化自身内涵的形式。例如中国文化可以借用一系列的符号来表示：长城、孔子、京剧、功夫等。

综上，文化中的意义和价值是文化被塑造的最终目的。为了其意义和价值能被更好地掌握并传达出去，就必须利用其可感的形式来承载，这样的文化现象便是符号现象的展现。利用符号学能使有关文化和有待完善的学科实现科学化、系统化，本研究便是根据花样跳绳文化的内在逻辑而撰写的。

（二）对接价值

符号是文化的载体，符号研究的核心则是文化。一个项目满足大众需求并区别于另一个项目的本质是其文化的符号化，所以对文化进行深入探究之前，需要先对其文化的指向和内涵进行必要的符号学阐释。花样跳绳的文化研究运用符号学亦是如此。

纵览当今社会，随着国家的发展和人民生活水平的提高，人们对体育运动的重视程度也在与日俱增，参加体育运动的人数也在增加，体育这一朝阳产业在激烈的竞争下，项目文化的深入和系统性探究可以有助于其扩大影响力。花样跳绳项目的符号学研究还有待开发和挖掘。符号与其项目文化相结合可以达到传递信息、引导大众参与并便于传播的效果。

对花样跳绳文化进行符号学角度的思考，不但可以阐释花样跳绳文化传递的过程、加大花样跳绳的推广力度，同时可以通过挖掘跳绳这一项目的文化内涵，让大众重新领略民族体育项目的文化风采，对于广泛拓展和传播花样跳绳具有非凡的意义。

这里通过对符号、符号学、符号的创建和作用、文化的理解等一系列概念进行系统的阐述，并借助第一章对符号学和花样跳绳方面的研究进行了一定的梳理，从资料的搜集和整理中发现花样跳绳项目的强项和弱项所在。从这些资料文献中思考和借鉴花样跳绳项目未来应努力的方向，利用符号学系统性地建立花样跳绳文化。

第二节　符号是花样跳绳文化展示的载体

一、符号学视域下的花样跳绳项目文化定位

在花样跳绳的项目定位上，可以借鉴品牌定位理论对其分析阐述。

品牌定位是指在目标顾客心中，进行一系列的活动，以寻找并决定最好的地点进行产品和业务特点的设计。品牌定位要具有差异化、主动灵活性、战略竞争性和双向交流等特征。下面分别从三个方面对花样跳绳项目进行定位。

（一）依据项目属性进行定位

项目属性定位是指依据参与者参与项目的经历对其属性以及在运动过程中的感受进行定位。

根据项目不同的生命周期阶段有不同的定位策略，花样跳绳尚属初级阶段，所以在项目定位上推崇简单易行、老少皆宜的项目理念。该理念的两大特点是简单娱乐性和民族观赏性。其一简单娱乐性，鉴于我国大力提倡喜闻乐见群众健身项目，作为具有一定历史的传统项目代表，跳绳应得到相应的提倡，该项目娱乐性强，花式动作种类繁多，搭配动感十足的音乐，可以一个人跳也可以多人跳，且对环境和空间条件并无太多限制，是缓解社会压力、提高业余兴趣的一项简单易行的运动。其二民族观赏性，花样跳绳是在传统跳绳的基础上结合舞蹈、跳跃、跑步、杂技、少数民族等一些元素发展起来的，具有丰富的艺术表现和观赏价值。排练形式上搭配花式动作、队列变换和风格多样的音乐，使项目的民族性和观赏性大大提升，展现异彩纷呈的项目特色。

（二）依据项目档次进行定位

项目档次定位是将项目与同类项目进行对比，以确定项目的位置，这样的定位更容易被公众所接受和了解。

花样跳绳项目档次可以从项目使用者和项目竞争者两个层次进行分析。

1.依据项目使用者进行定位

在花样跳绳项目上主要目标是两大群体。一类为学校学生，另一类为社会群体。应注重培养学生的集体精神与责任感，使得项目文化恰如其分地与校园文化相结合。掌握好个人与集体的关系，在集体项目中既强调团队动作的完成性，又注重个体能力的凸显，将个体目标与团队目标整合，使每个个体在团队中都能感受到自己的重要性，形成激励奋进、团队协作、公平竞争的观念和意识，不断增强责任心和荣誉感，展现出队伍的内聚力。同时无论同伴与对手、技能高与低都及时给予帮助，真诚为他人的成绩喝彩。最终在运动中展示自我、体现活力，通过参与花样跳绳运动，让学生真正体会到团结协作、拼搏进取、责任担当的项目文化熏陶。

对于社会群体而言，更倾向于品牌敏感度高、辨识能力强的健身项目。但他们往往时间稀缺，需求的差异性较强。所以他们对项目的效果要求较高，期待能线上线下随时学习，并运用新媒体解决各种健身中存在的问题。而探究花样跳绳的符号文化，既突出了项目的辨识力，给予社会群体较高的敏感度，又可以形成品牌项目产品。由于花样跳绳是结合传统跳绳的新兴艺术类项目，其独特性和花样性可以吸引大众参与，其以耗时短、见效快、老少皆宜、不受时空限制等特点，给大众带来的不仅是身体上的放松和保健，更是一种自身文化品位的象征。其原因在于，符号意义已远超商品的使用价值，消费者更偏爱用消费来体现自己的文化品位。

2.依据项目竞争者进行定位

依据项目竞争者进行定位指通过与其相关的其他项目对比来进行定位，从而更易被大众识别和留下深刻印象。例如太极代表天人合一的符号文化、高尔夫代表高贵典雅的贵族符号文化。对于花样跳绳来说，主要有以下两点。

其一多元性，花式跳绳已是一项世界范围内的新兴运动，在项目的发展中受到中西方体育文化的影响，逐渐呈现出多元化的特点。其程度受时代价值取向的不同而有所差异，现代社会大家都乐于对各种文化进行兼容并蓄，花样跳绳也可借助这个理念，使得其文化既多元开放又不失本真释放。

其二民族性，我国跳绳历史悠久，民族文化丰富，可以在编排动作时打造民族特色的文化烙印，丰富其文化的独创性，并注意其技术发力须符合花样跳绳动作的特点。特别是多人的表演赛，想获得别具一格的创作和效果，就要针对花样跳绳的主题表达形式、技术风格和音乐选择等方面找到适合展现其特色的融合点。

（三）依据项目功能进行定位

项目功能定位即比较直观地将项目的作用呈献给大众。据研究显示，不可替代性与接受程度成反比，所以借助项目自身的功能进行定位，把一个可替代性的产品变成不可替代的产品。由于体育项目对大众来说也是一种消费的产品，所以可以将此理论应用到花样跳绳项目中来。

随着社会发展和物质生活的提升，人们更加倾向于对健康的投资。对于大众来说，可选择健身的项目众多，许多项目也比较重视项目自身的特色挖掘，其项目内涵已经向前延伸至精神文化，向后延伸至健康体验等。对于花样跳绳，我们可以将其定位于主攻健心、多方位健身，如此才能更好发挥项目的磁场效应。花样跳绳作为一个简单易行、养身导引的运动，其健身价值却是不容小觑的。据国内外学者研究显示，跳绳对心肺功能、灵敏度和平衡感有着良好的开发促进作用。跳绳者在进行花样跳绳时，左右手脚经常同时开弓，上下齐动，是锻炼左右脑同时工作的良好手段。一根绳子可以使手、脑、脚、身各个部位协调运作，节奏快慢自己掌握，是强身健体、健美增智的时尚运动。所以，跳绳运动可以让全身的肌肉得到锻炼，通过各个部位的协调配合完成各组花样动作。该项目对心脏、肺部等促进新陈代谢的器官大有益处，这也是其优势所在。许多其他体育运动例如篮球、健美操等都会在平时训练和赛前用跳绳作为其热身的手段。这种行为出现的原因在于跳绳的健身效果快速且简便，相对于游泳、跑步等常见的运动，在健身效果等同的前提下，跳绳运动只需在其一半的时间内，便可达成。

二、花样跳绳文化符号的呈现方式和形态分层

跳绳是一项看起来十分简单的运动项目，随着时代的变迁，跳绳被赋予更多的内涵和更丰富的花式技巧，目前许多人还不太了解这项运动，所以通过分析花样跳绳文化的层次和呈现方式等角度，对其进行系统的阐述。

首先阐释文化的四点特性。文化具有普遍性、时代性、民族性和国际性。普遍性是指人类一切的基本活动中都存在着文化，人类创造出文化，文化反过来影响人类。时代性是指文化随着时代的变迁不断传承和变化，是每个时代的一种象征。民族性是指每个民族都有属于自己的文化特性，文化是代代相传的。国际性是指各种文化集合，形成了世界文化的大融合，体现出民族的才是世界的。

其次，文化可以借助于符号进行一系列的主动创造。语言文字、思维主张等都具有符号特性，所以符号既是人表达思想的一种工具，也是人创造的成果。从文化的呈现方式来看，物质文化、制度文化、精神文化均与符号密切相连，具有符号属性。文化与符号是相互融合与渗透的。

从以上文化特性的分析整理，可以看出文化是共通的，是普遍存在于一切人类活动中的，文化的意义对于一个民族乃至一个国家都具有十分深远的意义，作为传统体育项目的花样跳绳，在其项目发展和传承上，可以借用文化挖掘项目价值，配以符号形成系统，将二者结合研究。

(一)花样跳绳文化符号的呈现方式

符号是文化得以传播的载体，在一个完整的符号系统中，多种符号有机结合、相互作用，其符号呈现出多种形态，有语言与非语言的，也有视觉、听觉等方面的。总体说来，这些符号

可分成三类，分别是图像符号、指示符号、象征符号。这三种符号相互作用，构成多彩的文化形式。

1. 图像符号

图像符号作为最直观和多见的符号形式，是符号系统中最重要的一类，属于视觉符号。图像符号与所代表物的符号能指和所指相似性较大，视觉上易于感知，所以自然易于理解其中能指和所指。图像符号是对符号对象的真实写照，它直接传播到受众的视觉神经，例如网络中比赛的图片、视频和书籍上的图片等。还有一类图形是含有意指意义的。例如，参赛队伍的队服，通过参赛队伍的队服的辨识就可以知道是哪支队伍。又如中国跳绳专用标志，其LOGO的设计理念是青春跳动、"绳"彩飞扬，使用了简单易懂、约定俗成的线条图形符号，超越语言的限制来进行意义的传达。由于图像符号比较直观，所以受众更容易接受带有图像符号的项目文化。在项目文化传达中，应更多地使用视频和图片等方式加大图像符号的比重，使受众不知不觉间既理解了符号意义，又接收到了项目的文化。

2. 指示符号

在文化符号体系中，第二类是指示符号。指示符号中能指和所指的对应与约定的经验相关。例如新闻联播播送前的主题音乐，音乐一响起，便知新闻联播开始了。根据经验了解这些符形，知道其要指示的对象。其中的主题音乐和惯例的画面便是新闻联播的指示符号。新闻联播准备播放是其指示的对象。所以在花样跳绳项目中应大力开发具有项目文化特色的音乐形式。

另一种指示符号是指在比赛时对裁判手势的运用。他们可以利用各种人为约定好的手势指挥着比赛的进程。裁判无需用言语来表达他们的意思，只需一个手势便能代表比赛所需的规则和谁触犯了规则等，队员也会立刻从这个指示符号中读出其代表的意思。其中裁判执裁的手势属于人工指示符号，其形体和表征对象是通过人为约定的，并在经验中逐渐融合、相互依存、不易变更，只需在规则中指明，大家便可识别出来。

3. 象征符号

象征符号的产生是为了便于文化的沟通和传播。以队标为例，队标是人工象征符号，是符号的形体，是由文化在认知和交流中的需要而创造的。在象征符号中，符形和其对应的对象的关系是自选的，在其象征符号确定后，需要保持建立的约定，从而在以后的交际和传播中正常运用。例如，很多国家的国旗上有太阳、月亮、星星等天体图案，这是至高权力和权威的象征。奥林匹克旗帜上的五环代表着五大洲，白底色与五环颜色则象征奥林匹克是国家间的竞争。在今天，人们依然试图借助符号和象征来探寻各种事物的意义。

花样跳绳的文化系统中，对于其文化的呈现方式不是单单一种，而是多种符号相互结合、相互作用，共同组成了该项目的文化符号系统。例如观看赛事时，对于大众来说，既接收到了镜头视频等图像符号，又有赛场上裁判的手势等指示符号，整个比赛中还会穿插着不同种类的象征符号。人们可以感受到语言符号、视觉符号和听觉符号的共同作用。这些符号的相互渗透和呈现使得爱好者在符号的解读中同时感受着花样跳绳项目带来的文化特色和底蕴。

(二)花样跳绳文化的形态分层

花样跳绳文化是体育文化的具体展现。体育文化是人类体育活动过程中规则、物质、精神等多种文化的集合。体育文化是文化系统中的一部分,原因在于体育可反映出文化的各种特性,其价值、精神、规则、器材等都是文化的体现。综上,体育项目中不仅包含着比拼,还蕴藏着深层次的文化内涵。依据文化的三层形态分层即物质文化、制度文化、精神文化,对于花式跳绳文化的探讨亦是如此。

花样跳绳的文化作为一个系统,它包含三个层面。

1. 物质文化层面

花样跳绳物质文化是基础。物质文化层面包含了花样跳绳的设施器材,如绳子、手动计数器、电子计数器、场地、音乐等相关内容。花样跳绳竹节形式的绳子,颜色多样,既可以在表演赛中活跃现场气氛,渲染项目特色文化,又可以在竞赛中用于健身和丰富项目的运动形式。在项目的开展过程中,花样跳绳在遵循自身文化历史的基础上不断丰富其物质文化,逐渐形成项目有关的文化产品,例如花样跳绳的纪念品、项目服装等。这些物质文化载体通过一定的媒介被传播开来,被大众熟知。

2. 制度文化层面

制度文化是花式跳绳项目文化的导向。制度文化是物质文化的更进一层。在发展花样跳绳的过程中,必须要有制度和规则,这样才能避免争执的发生。在花样跳绳项目的有序发展中,逐渐形成了一系列项目自身相对完备的制度和规则。例如制度体系涵盖了比赛规则和处罚制度等,这些相关制度是区别于其他项目文化的独特表征。通过探究和学习制度文化,挖掘花样跳绳项目本源的文化底蕴和项目的文化内涵也是实现其价值的有效途径。

3. 精神文化层面

花式跳绳的精神文化是核心。精神文化系统包含思想观念和价值观等,属于综合感觉符号。把阳光向上的精神面貌通过肢体动作表达出来既可以增智健美,又可以丰富精神世界。积极向上的精神面貌和蓬勃进取的青春活力展现在变换多姿的动作中、色彩鲜明的道具上、队形变化的技巧中。这种艺术美和健康美会吸引大众,使之产生加入其中的愿望。综上,对精神文化的追寻就是对项目文化本身的追寻。努力使得花样跳绳传承精髓的民族精神和健康向上的进取精神能鲜明地展现在大众的视野中。

回顾花样跳绳的三个层面,我们可以得出,项目文化的发展需要一个不断完善的过程,这个过程从物质文化发展到制度文化,再从制度文化发展到精神文化。作为本研究线索,符号以其系统化的特点将这三个层面进行分类和归纳。显然物质文化和制度文化是能指层面,精神文化则是所指层面。

三、花样跳绳文化符号的呈现领域

文化是艺术创造和展现的来源,跳绳作为中国民族传统文化的代表之一,附着了时代感的花样跳绳也将会展现出深厚的文化风采。跳绳这一中国传统文化符号,在加入花式的动作和技术后,采用艺术的表现手法,传播项目文化内涵。大众可以从项目采用的音乐、展现的方式和形式等各个方面感受其背后的项目文化内涵。下面将从培训、赛场和音乐三个领域来探讨。

（一）培训文化符号

社会在发展，文化在转型，体育文化作为其中之一的文化现象承载着传播理念和引领时尚的责任。花样跳绳以其鲜明的时代感和新鲜感很好地迎合了体育文化转型时期的需求，它的运动形式新颖时尚、音乐动感十足、服饰展现民族特色等，符合现阶段大众求新和求变的心理需求。

培训作为传递花式跳绳文化的途径之一，是一个双向互动的过程。首先要明确四个重要因素：培训目标、培训对象、培训行为、培训表达。其中包含身体动作、地域环境、语言。通过培训可以达到以绳会友、以绳健体、以绳启智的目的。以下从四方面解析。

1. 培训目标

培训目标即通过演绎传达项目符号文化特色。符号学家苏珊朗格曾说："姿势是行为的一部分，是表达情感和愿望的信号。"所以身体动作可以表达各种不同意义的符号，在表演中运用不同花样动作来承载文化和思想，演绎艺术和传统文化，这便是文化符号的一种，观众可以在感受和欣赏比赛的同时接收项目传达的文化，是本体感觉符号的体现。表演中要改变以往单纯的套路演练，通过故事情节和板块变换来表现作品，给观众带来视听盛宴的同时，使其体会到其中完美演练的项目文化符号。

2. 培训对象

培训对象即针对教师之间和师生之间的培训。针对不同的培训对象有不同的培训方式。教师间的培训有项目规则培训和动作演示培训。在动作编排方面，注重绳子转换的衔接和参与者的默契程度。动作编排上注重空间层次的变换和成套动作的观赏性的饱满度，利用参与者在平时的肢体灵活性和多样化练习，提升难度动作和整体动作的变化使用，利用动作路线和组合方式的改变等使其焕然一新。同时在培训中也要加强美的理解，在动作与音乐的配合中深入挖掘来源于生活和民族性、流行性强的创新元素，使花样跳绳的动作富有其自身的特色，加强创编的艺术性和挑战性，在培训中鲜明地展示项目的动作文化符号。师生培训中，要结合同步花样、车轮跳花样、交互绳花样，注重对参与者个人表现欲的鼓励和信息的培养。鼓励参与者之间的集体配合，激发参与者对花式跳绳精神层面的文化符号追求，这种精神层面的文化符号是勇于挑战极限、挑战自我的意志品质，培养积极乐观的生活态度的内在展现，力争将花样跳绳玩出新高度和新花样。

3. 培训行为

培训行为即根据培训目标和培训对象，设计和选取最优的培训行为符号。例如借助多媒体技术、工具、图书，提供文字、图片等材料和手段。另外，地域环境方面，教练和裁判员培训中，社会地域的区别即每次培训的地点都有所不同，地域差别会带来花样跳绳文化在不同地方有些许差别。地点上会选取中小学，举办培训的小学的体育文化特色也起着重要的影响作用。各个学校通过展板、LED 显示屏、标语、大课间展示、视频或现场表演等方式展现自己地方和学校独特的文化符号，展示以图形、文字符号为主，声音和实物符号则可以作为辅助手段。便于拓宽校与校间的交流性和影响性。

4.培训表达

培训表达即培训时选取适当的表达方式。例如单项沟通、双向沟通、多项沟通等。对多种表达方式交叉使用将提高大大培训效果,增加趣味性,并选择具有权威性的培训者,例如跳绳冠军等,使花样跳绳文化符号具有较高的认可度,便于接受。

(二)比赛文化符号

1.参赛服装符号

参赛服装作为物质文化层面的图像符号,是符号系统中的重要展示部分。其某个部位的变化对意义的解读是不同的。例如古代中国官服颜色和图案的区别便代表了不同的官衔,是一套服饰的符号系统。又比如跆拳道的不同颜色的腰带便象征了不同的技术级别。所以,为了拓宽花样跳绳项目的文化符号领域,其服装也应随着地域和项目、阶段的不同采取一些区别和变化,可以采用不同的服装颜色和图案符号表示不同的民族、不同的项目。例如花样赛中运用颜色亮丽、轻便利落的服装,展现项目动作的热情和飘逸。表演赛中则应大多采用质地柔软轻巧的民族服饰,展现人物形象、故事情节和时代特征。还可以根据观众、空间和时代特征不断创新表演形式和服饰,不断展现花样跳绳的独特文化符号。

2.明星符号

明星符号是项目树立的模范人物,是项目文化符号的意义、意志和品质的人格化,是项目文化人物符号最突出的代表。比赛中,高手的技艺展示绝对是项目符号的立体呈现。在赛事中,注重明星符号的打造,会吸引和带动更大范围的人群参与。

3.口号符号

口号在项目中的作用主要体现在气氛活跃、呐喊助威和振奋士气上。表演开始时,会有教练为了给队员打气,高声呼喊口号。这种口号是心理上的暗示,是精神上的鼓励。鼓励要以满足队员需要为出发点,以完成比赛目标为落脚点,充分了解队员所需,并将鼓励贯穿队员的整个活动中。也有队员间的口号,注意口号要注重策略并提纲挈领,发自内心并朗朗上口,彰显队伍的独特个性。由于参赛队伍的国家地域有别,鼓励的方式也各不相同,形成了赛场上独特的文化符号。

4.团队建设符号

团队建设符号可以加强项目的团队文化建设,物质方面如队名、队旗、会徽和团队座右铭等。例如国际比赛中,各个国家通过展现其特色的徽章、背包、绳具等,相互交流、欣赏,是国与国间交流和宣传每个国家特色文化的符号展现。这种物质文化的丰富是一种有目的的遵循文化发展的文化自觉。精神方面,注重队员的自信心和团队合作能力的培养,展现积极向上的心态、青春活力的精神面貌,最终实现强大的团队凝聚力。

5.规则符号

规则作为制度文化层面的符号有着一定的导向性。我们可以从赛事规则的侧重点中体会到其项目的发展内涵。在花样跳绳表演赛比赛规则中设立了动作难度、创意编排和娱乐展示三部分。若想取得较高的分数,需加大动作的技术难度,大部分队员展示了较多的高级动作，创新元素和传统元素相互交错，能够展示众多元素和多数动作形式且有创新部分，如交叉组合、多摇、力量、绳向变化及各种形式的组合等，或展示的动作形式多为高级难度。队员之间有较多的高级互动并在跳绳元素间不断变换难度且保持流畅度。创意编排中，动作姿态流畅有美感，队形变化精确。表演过程中充满新奇的动作元素、阵型变换和组合运用。音乐要与跳绳的风格和节奏相吻合，通过跳绳可以增强音乐的效果，达到音乐与跳绳完美匹配。其娱乐价值的展现，既要时常与观众进行互动，观察观众的反应，又要关注细节和表演的流畅程度，多方面考虑项目的符号展现，力争呈现一场精彩和震撼的特色演出。

这些改变都在不同层面体现出花样跳绳项目向着更具挑战性和欣赏性的方向发展。

（三）音乐文化符号

音乐文化符号属于听觉符号，花样跳绳文化中的音乐符号十分重要，原因在于随着现代物质生活的日益丰富，大众不会再满足于刻板单一的运动形式，取而代之的是新鲜刺激且能在听觉和视觉等多方位得到压力释放和精神愉悦的活动形式。作为花样跳绳文化中重要的听觉符号，音乐的节奏快慢和轻重缓急都对应着不同的符号所指。例如明快有节奏的音乐代表愉悦的心情，地方的音乐代表该民族独特的民俗。所以要有效地利用和选择音乐，以此来塑造不同民族、不同地域、不同文化的符号。使众多人群不自觉地受到感染，扩大受众。

1. 民族表现方面

花式跳绳的音乐选取上可结合民族特色及相关运动的音乐元素。对于小学年龄段的运动员，可以选取课本上的古诗词作为音乐的填词，既充满了古文化的气息，又体现了寓教于乐的目的。对于成人运动员，努力形成花式跳绳独有特色，不同民族不同省市融入各自特色的民族和地方传统特色音乐，丰富展示地域的独特性，展现多元、创造、群众和时代性的特征。例如民族表现力强和地方色彩浓郁的音乐、大众公认的流行度高的音乐。

对于音乐符号，可以说是花样跳绳文化符号的本质属性，参与者可以用肢体动作表现音乐的风格，或轻快或优美，从内心自发地展现音乐文化的穿透力，从而提升自己对音乐的解读和表现力。

2. 相关艺术项目表现方面

花样跳绳项目是在传承历史文化的基础上推陈出新，这一特点可以从音乐的选取中展现。音乐符号的协助，可以唤起参与者高昂的情绪。在选择上，可以在不同的风格和节奏中变换，如街舞音乐、爵士音乐、Hip Hop、交响乐、器乐等。例如巴西音乐鼓点强、节奏感明快、时代感和世界风格凸显。添加艺术体操动作配以巴西的异域风格，交错现代动作元素如扭跨等身体小肌肉群的动作，动作姿态流畅有美感，元素变换自然合拍。又如 Hip Hop 在四人交互绳中运用得较多，在元素动作展示的同时配以 Hip Hop 音乐元素，保障元素转化的流畅性，展现音乐与动作的完美结合，二者效果相互增强形成完美匹配。

也可依据主题的需求融入对应的音乐风格，其音乐时间长短则需要定夺。参与者根据音乐风格和节奏，展现其变化，使大众在体会花样跳绳音乐符号的同时，受到艺术文化的熏陶。对于花样跳绳自身的音乐建设还有待开展，期望在以后的发展和探索中力争打造出具有项目特色的一系列代表性的音乐，从符号指示的层面来展现花式跳绳这个民族传统项目。

综上，能指系统是携带意义的，它是一个事物外在的表现形式。例如表演中花样跳绳的花样技巧便是其文化在舞台中的外化符号形式，其文化符号是客观存在的，是可以进行交流和传播的。因为信息的传递是需要动作、声音的，符号作为一个文化交流的工具，承载了相关物质，例如图案、语言等。花样跳绳的能指系统便是这些符号组成的，它们相互交织，传递出花样跳绳的深层含义。所指系统是能指系统深层的意义。如若没有赋予其所指，那么对任何人来说其意义相同，即人对文化符号的直觉认识层次。所以在能指的基础上分析其所指，是全面分析事物的手段。

第三节　花样跳绳文化符号的传播及发展

花样跳绳文化的创造目的是传播承载其中的不可感知的文化价值，而传播是花样跳绳文化的根本特征和内在属性，花样跳绳文化只有生生不息地传承，并进行广泛传播，才会使得项目文化永葆青春。如若终止了项目文化的传播，这种文化也将行将就木。所以选择有效合理的符号传播工具，有利于传播效能的提升，促进项目文化形成和发展。所以下面试图通过多手段和媒介来扩展花样跳绳文化的传播范围和效率。

一、花样跳绳文化的传播机理

花样跳绳文化是符号活动的具体体现，符号是大众对花样跳绳项目意义认识的方式，是花样跳绳通向世界的桥梁。因此花样跳绳文化的本质实际上是项目自身独特的符号体系，其文化的传播实质便是一种符号的传播。

（一）符号的传播模式

1.传播的概述

传播学中将传播定义为：借助一个共同的符号系统，个体之间进行一定意义的相互交换。传播是通过媒介和符号来交流信息，为了发生应有改变的人类活动。通过这个定义可以看出，传播是在人与人之间进行的，需要通过一定的符号和媒介，最终产生影响。传播不仅是人与人之间的信息传递过程，而且是共享意义并进行符号资源交换的过程。符号本身就是信息的携带者，所以符号的传播可以用信息的传播原理来解释。人参与传播符号系统，作为其中的一员，是传播者也是接收者。因此，人已作为主体符号在符号活动中充当了角色。

2.SMCR 概述

SMCR 是广受研究人员关注的信息传播模式，由贝罗在拉斯韦尔的研究基础上发展提出，该模式把传播过程分为四个要素，分别是信源（Source）、信息（Message）、信道（Channel）和信宿（Receive）。同时揭示了传播效果由这四要素及其相互之间的关系共同决定，其被广泛应用于教育的传播过程分析之中，能清晰地展示教学过程的传播特点。该模式清楚地规划出信息传播过程中的四个要素，并从不同的要素角度分析其传播的影响因素，是 SMCR 的两大突出优点。在 SMCR 模式中，S 作为信源，是信息传播的起始，代表信息的发出方。

M作为信息，是传播过程中的实质内容。C是信道，是传播信息的媒介。R作为信宿，则是信息最终的接受者。

（二）传播的构成要素及应用

SMCR在教学信息传播中的要素：从SMCR传播模式的角度，可把信源、信息、信道、信宿四个维度作为出发点，涉及听觉符号、视觉符号和综合感觉符号，全方位多角度思索网络教学信息的传播要素，为设计和提升网络教学手段和效果提供理论支持。

1. 信源

信源即资讯的创造者，也就是资讯的传播者，在教学中起到关键的作用。线上教学具有大规模教学、传播的特点，对其传播的方向、传播的范围进行严格的控制，以利于信息的流动与传播。在内容上，选取真实、有效、科学的知识，剔除虚假、无效的伪科学；在SMCR模式下，教师在挑选学生的资料时，往往会带有自身的价值观念，这是一个不可避免的问题。要解决这个问题，必须有意识态度、知识储备、信息技术、社会、文化的支持。

首先，我们要对未来的网上教学抱持乐观、正面的态度，并坚信，在网络时代，每个人都会体验到网络教学。其次，在沟通技能上，可以运用适当的媒体与技术，实现与学生的双向沟通。以渊博的学识和国际视野，接纳并尊重来自不同文化背景、地域的学生。

2. 信息

SMCR中的信息是指教学传播的内容。影响其传播效果的因素包括内容、成分、结构、符号和处理五部分。信息就是内容，在内容上要精细，思想要清楚，要把知识系统的每一部分都选得清楚，这样才能实现明确的教学目的。要素就是内容的组成。结构是构成要素间的联系，各要素间的联系要紧密，结构要合理，知识体系要有逻辑。在信息的获取方面，应适应网络的要求，使学生能够随时随地方便地获得知识和信息。在象征的层面上，有很多种形式，如：听觉和视觉，语言和非语言。无论是传播者还是接收者，都应该从彼此的视角去解读这个符号，并且判断它要传达的意思。在网络视频的自主学习过程中，要保证信息内容和符号的准确传达，以方便用户对其正确接收。保证信息源使用准确、有趣的语言，恰当的表情、手势等来传达教育的思想。不同的学科类型应根据各自的特点，选择合适的载体。

3. 信道

信道即影响信息传播的媒介和手段。SMCR模式强调利用和借助媒介传递信息，调动信宿的视觉、听觉、触觉、嗅觉和味觉。它的表现效果主要体现在有用性和有效性两大因素。

有用性的因素包括：该技术是否易清楚、易掌握、可操控并易于具备高技能水平。在学习过程中会有许多不同的通道同时运行，由于大脑是各种通道信息的最终接收方，所以要尽量避免学习者各个感觉通道之间产生干扰。

在实际操作中，要想达到有效的沟通效果，就需要对特定的网络教学内容进行分析，以及如何激发学生的情感。不同的课程、不同的教学内容应以不同的形式进行传播。比如，花样跳绳就是一门简化版的教学，通过对重点和难点的反复播放，来刺激学生的视觉神经，让他们对细节进行深入思考和吸收。相对来说，可用性是基于用户的经验和知觉，它直接影响使用者对这种技术的接受程度。因此，选择和构造信道有用性是传播信息的关键点。

4.信宿

信宿可理解为学习者,即信息的接收方。提升学习者的主动性是线上授课建设的关键点。接收者的态度、传播技能、知识储备、社会文化背景因素都会影响其主动性和所传播信息的有效性。所以应从两方面加强信宿的主动性培养。

根据霍夫兰提出、德佛勒完善的个人差异论,要求在信息传播前,先了解受众的特点,再根据其需要和兴趣进行因人而异的个性化传播。所以要在信息的传播前做好以下两步。一种是对受试者的要求进行细分。尽管学生来源广泛,学习目标各异,但是网上学习的内容和经验却是他们的共同需要。因此,教师应该注重学生的需要,通过开发和设计能引起学生兴趣的丰富的知识,从而达到学生的普遍需要,并及时给予学生反馈。第二,要加强受试者的信息素质,即自我收集、处理和传递信息的能力。在网上自学的过程中,可以从积极的态度、积极的思考、与学生的双向良性的交互中把握学习的特征。主动、系统全面地思考和批判的洞察力是提高学生信息素质的一种体现。最后,实现线上知识的高效利用。

二、新媒体传播文化符号

科学技术日新月异,在互联网背景下,传统的传播模式受到新媒体等传播工具的巨大冲击,将原本一次的单向传播变换为循环的双向和网状传播。其碎片化、交互式、即时性的传播优势是传统媒体不具备的,迎合了新时代的价值取向,在互联网的时代蓬勃发展。花样跳绳作为文化符号是一种符号资源,并在人际间进行信息传递,其中信息便是花样跳绳文化。

花样跳绳文化传播可分为三种:直接传播、间接传播、直接与间接相融传播。直接传播是两者间面对面地交流,例如人际传播。间接传播是两者间不能面对面地传播,例如媒介传播。直接与间接相融传播,是两者间既有面对面交流,也有其他形式的传播。结合花样跳绳传播的实际方式,将其分为人际传播、组织传播和媒介传播三类。

第一,人际传播。花样跳绳项目的人际传播包括师徒传授、学校师生教学和花样跳绳培训机构培训等几类。其中师徒传授是项目文化传承的一种方式,学校师生教学是现代花样跳绳的传播方式,培训机构培训则是一种社会化的传播方式。

第二,组织传播。花样跳绳的组织传播包括官方组织和民间组织两种。官方组织指国际跳绳联盟、亚洲跳绳联盟、国家体育总局社会体育指导中心等;民间组织包括民众自发组织建立的花样跳绳社团、俱乐部等。

第三,媒介传播。花样跳绳媒介传播包括网络传播、赛事传播、书籍传播等。其中,网络作为一种现代化的传播范围最广的形式,在多媒体的技术支持下,采用图片、文字和视频等丰富的符号形式和工具,将形式新颖的符号意义进行组合,实现生动精准的意义传播。

(一)新媒体定义

新媒体是指通过数字技术和网络载体发展起来的新兴媒体形态。例如具有代表性的移动电视、手机和电脑等。新媒体从媒介的角度可以分为移动新媒体和网络新媒体两类。移动新媒体包括平板电脑、手机以及终端上的微信、微博。网络新媒体则包括门户网站、虚拟社区以及博客等。现代社会,网络作为传播范围最广、接受度最高的媒介,其自身本就是一个符号世界。符号的多样性和可选择性是网络媒体传播的特点。网络媒体把图片符号、文字符号、声音符号和视频符号等相互结合和作用,使得大众高效地搜索和使用相关信息。

(二)移动新媒体打造鲜明的项目烙印

当代社会,新媒体发展迅猛,是影响大众最直接和便捷的方式,已成为传播文化符号的有效手段。文化现象都是符号现象,花样跳绳的文化现象也是符号现象,以下是新媒体的四大特点。

1. 速度快

现代科技迅猛发展,信息的网络数字化使得海量信息可以快速在线上穿梭,信息时代,人人都可以是媒体,受众可以高效地搜索和存储信息,他们不但是信息的接收方,也可以是信息的生产制造方,将自己的所见所闻一起分享。信源则可以在第一时间传播相关新闻和比赛,从而扩大影响力和传播范围,实现信息的快速传播,吸引更多受众参与花样跳绳运动。

2. 个性化

新媒体在移动终端对花样跳绳进行智能化的功能设计,大大提升了对其的关注程度,软件可以根据不同使用者的需求区别制造差异化的学习内容和配套音乐,并且受众也拥有了信息的选择权,个性化地定制自己所需信息。受众不再是信息的被动接收者,其自身的个性需求完全可以在新媒体时代的发展中得以实现,最终推动花样跳绳向着个性化和娱乐化方向发展。

3. 交互性强

新媒体对花样跳绳项目的介入,使得传统单项的传播方式变更为双向的实时互动传播,有利于信息的沟通和反馈。受众与受众间可以切磋技艺、评绳论绳,在线上广泛开展话题讨论。软件开发者则可以通过对受众的数据监测和反馈进行有效的市场定位和细分,从而更好地为大众提供服务信息,最终通过新媒体扩大项目的传播力度。

4. 时空自由

花样跳绳以往的传播方式大多是面对面的传播,受地域性限制,每个地方的花样特色也有所不同。但区域内的传播内容和方式相对固定,而信息化的多媒体的应用则大大改善了此类问题。其传播的信息颠覆了时空的限制,传播内容丰富且受众范围极广。大众可以随时随地自由选择学习时间,这也是信息时代的传播特点。

三、网络新媒体传授绳艺扩大受众群体

(一)主要网站分析

通过网络搜索,可以查询到有关花样跳绳的网站包括以下两个:国家体育总局社会体育指导中心设立的中国跳绳官方网站和成都心跳体育文化传播有限公司设计的中国跳绳网。

其一,中国跳绳官方网站是负责全国跳绳运动发展的专门组织机构。该网站一级页面设有新闻中心、培训考证、赛事专区和一系列图片、视频、文字。其主要功能是报道花式跳绳新闻、培训的相关信息和比赛的相关规程。视频、文字和图片方面展示的是一些相关比赛的相关信息,跳绳对身体健康的益处和较少的花式跳绳的学术文章。该网站属于官方网站,主

要用于教练员、裁判员和参赛队伍的报名工作。

其二，中国跳绳网站内的内容设计较为丰富。其中一级页面设有教学、自拍、表演、比赛、新闻几大模块。该网站对于花样跳绳视频类和文字介绍类的信息比较多，有利于初学者对花样跳绳项目有一个大体的认识和了解。在教学的二级页面内，按地区、项目和年份对一些教学的相关视频进行了分类，但都尚未形成系统化的教学设计模式。所以该网站属于信息搜集类网站，对于系统化的接触和学习还有待加强。

针对目前花样跳绳网络教学的内容和系统性不足的情况，亟待开发一套完整性和系统性的网络花样跳绳教学课程，这也有利于广大跳绳爱好者进行自主学习。

（二）应用对象的设计要点

任何一个教学过程都可以看作是一个信息双向传播的系统，在此过程中，教师担当信源的角色，学生担任信宿的角色，教师对教学内容即信息进行适当的处理和编辑后，通过一定的技术通道传输给学生。在 SMCR 模式视角下，将 MOOC 视作一个融合了大众传播特征的教育符号传播的信息系统，从信源（MOOC 主讲教师）、信息（MOOC 教学内容）、通道（MOOC 所利用的技术通道）与信宿（MOOC 学习者）四个维度探析花样跳绳慕课建设的有效路径。

1. 教师要把好关，加强与学生的互动

教师在慕课中扮演了更多的角色，作为传播体系的出发点，在态度上，应把握慕课的理念，改变观念，实行多元化的教学，既是技术因素的制作者，又是各种教学活动的系统工程师，所以要提高学生的资讯素质，掌握有效的获取、制作、传播的方法，保证制作的课程更具科学性、教育性。

花样跳绳慕课要从新手的视角出发，注意趣味性，讲解技术的难点和要点，在做完演示后，要在线下积极地进行纠正和引导。此外，还应设置反馈环节，以检验学生对技术知识的掌握程度。可以通过回答问题来掌握与技术动作有关的概念。信源可以把测验题目分为图片、文字、视频等类型，通过听觉符号和视觉符号，让信宿在选择、判断、观察后做出正确判断。通过上述测验，可以达到信宿对动作概念的理解程度，具有较高的可操作性。

2. 信息短小精悍，结合学科特点

传统的教学已经无法适应信息化时代的教学需求，许多技术动作的演示不够规范，使信宿难以理解和模仿。但是，从符号和加工的观点来看，资讯内容是以符号的方式进行的，便于读者的了解。首先，尽量减少屏幕上的符号，使文本尺寸符合学生的阅读习惯，保证知识的传递；其次，要有一定的节奏，既不能过快，也不能太慢，要有教师的生动解说；在此基础上，结合花式跳绳的教学特点，合理地选用文字、图片等形式。

3. 信道多元化

由于借助多媒体技术的特点，所以主要涉及视觉和听觉两通道。为了刺激视觉、听觉，可以采用多种形式的技术元素，结合新奇的图片、录像，创造出多种形式的教学情景。此外，教师还可以利用一些表情、语气等变化，让所表达的内容更加生动，引起学生的注意，加强记忆、激发兴趣、提高教学效果。慕课主要包括几节微型课程，主要包括对各个技巧的演示与

分析，以及在教学过程中加入一些精彩的花絮，使多媒体教学具有鲜明的特色。利用慕课的快捷的特点，资源与信宿可以利用社交网络和 QQ、微信、微博等常用的交流工具进行双向的交流，而社交软件的稳定、即时的特点将极大地提高指导的效率，促进信源与信宿间的有效、便捷的交流，最终达到延伸课程教学效果的益处。

4. 提高信宿的兴趣与积极性

慕课中多媒体的运用要求学生有相应的信息素养。他们要具备基本的操作技术，善于在网络上获取、处理、传递信息，有疑问时快速利用搜索引擎。并善于与师生互动沟通，具备有效利用信息资源的主动意识。技能与知识学习的顺序可以根据学生的兴趣自由选择，当涉及到前位技能时，学生不会积极主动地学习，这需要教学在设计慕课时，对知识间的逻辑了然于信，在每个相关的技能旁予以温馨提示，以便学生快速找到适合自己的关联知识。例如在花式跳绳课中，学生会觉得单纯的单摇跳太枯燥，他们会想先了解花样技巧，此时教师可先在要求不高的基础上尽量满足学生的兴趣，等学生练习到一定程度后，为了争取花样技术的流畅衔接，建议学生选择感兴趣的学习内容，此时学生对此技术的热情会大大增加，从而调动学生对于信息学习的主动性。

四、多产业融合助力符号化运作

（一）符号化运作路径

多产业融合是当代经济发展的走向，花样跳绳以其项目魅力和特色在民族休闲体育的大军中占据了一定的位置，相关书籍、视频、跳绳鞋、各项目比赛用绳的生产等，将花样跳绳运动作为现今大众追捧的潮流文化内容进行运作，利用符号对其文化进行包装，并融合相关产业，共同发展，可谓是花式跳绳运动推广的理想途径。

一个项目的传承和发展，与庞大的爱好者市场是分不开的。庞大的市场则依靠项目自身的推广策略。跳绳爱好者是花样跳绳项目文化的传播终端，而庞大的绳迷市场是项目文化可以传向世界各地的前提条件。

符号消费就是文化消费。要成为消费的对象，必先成为符号，符号的属性主要体现在其代表的符号象征中，此时被消费是差异性而不是物质性。消费是为了标新立异，展现其年轻、积极向上的心态，使得消费成为大众的交流体系，即消费符号。

花样跳绳符号化的运作路径。第一步是挖掘花样跳绳的符号价值，即生产符号。第二步通过挖掘出的符号价值对花样跳绳和其文化进行耦合。第三步选择合适的媒介展示和传播其价值，即营销符号，大力培育市场。最后一步是实现跳绳与文化的符号互动，即消费符号，实现花样跳绳产业化的运。

（二）产业融合

花样跳绳产业与文化、旅游产业密切相关，这两项产业可作为花样跳绳产业的重要载体，互生共融的关系决定了几者融合是花样跳绳产业发展的必然趋势。它们之间通过相互交叉渗透而形成的新产业价值链的动态发展过程就是它们的融合过程。其中消费者需求是融合的原动力。几者在消费需求和资源等方面具有互融的基础且具有包容性和边缘模糊性。该融合的路径系统主要是产品融合和市场融合两个方面,以期共同推动花式跳绳产业的发展。

1.文化产业

多渠道市场融合:在这个信息化时代,市场融合的有效途径是借助传播渠道的整合,即利用数字和网络相关技术推动花样跳绳市场与文化市场向融合。让极具特色的项目文化通过互联网和电视等传播渠道和多媒体技术扩散到一个角落。最终使得花样跳绳的技艺和项目文化被全面、生动和立体地展现在大众面前。

多样化产品融合:文化产品不同于一般产品,是承载思想的。通过定期举办跳绳文化交流活动、讲座、跳绳绘画、音乐赏析、体育动画等方式,打造花式跳绳的多样文化符号影响力。不断满足大众的差异需求,向更为开阔的空间拓展。并依据方式和内容的不同进行多样化的发展。对于花样跳绳来说,它是一个民族传统与现代新兴元素相结合的产物,该项目在多元文化时代的冲击下,在保留原有文化的基础之上,为不断适应市场发展的需要,寻求项目自身发展的方法和途径,需吸收和借鉴现代文化并注入更多的现代元素,让其具有持久的生命力,以期获得快速发展。

2.旅游产业

我国幅员辽阔,旅游资源也十分丰富。将花样跳绳运动的赛事引入到风景秀丽的特色城市,与自然山水和民族特色元素相融合,让参与赛事的参赛队员和观众在观赛的同时感受到秀丽的自然景观和特色的人文气息。在举办国内外赛事的同时,展现城市魅力,给城市增添健康和时尚的项目文化符号风采,从而提升该城市的文化层次,使得花样跳绳运动成为其亮丽的风景线,努力打造国内外知名的城市新名片。

现代社会,大众求新求异的个性化心理比较突出,借助已有资源与创意相结合,整合静态的文化资源,使其情景化和故事化,通过动态性和立体感大大提升项目的吸引力。可以依托节庆旅游和少数民族特色传统文化方式吸引参赛者对赛事举办地的兴趣。赛事期间利用创意,生动地展现其文化风俗,同时还可以给予大众纪念与欣赏的体验。因此,从大众的审美标准角度考虑,将特色旅游商品与花样跳绳文化创意结合,开发既可凸显花样跳绳项目特色,又顺应该城市的文化内涵的创意符号元素。开展体验性和参与性强的特色活动,提供有特色有创意的体验,让该城市的特色旅游文化成为花样跳绳项目传承的载体。

参考文献

[1]王秋艳.重庆市高校体育课程引入花样跳绳的探索性研究[D].重庆:西南大学,2015.

[2]刘同记,龚园,任俊奇.花样跳绳进入我国高校体育的可行性研究[J].体育文化导刊,2014(12):134—137.

[3]张兴雄.泉州市本科高校花样跳绳开展现状及对策研究[J].九江学院学报(自然科学版),2021(02):117—120.

[4]周健姝,何卫东,吕磊.广西高校花样跳绳教学模式的创新探析[J].当代体育科技,2021(25):97—99.

[5]聂春丽.广西高校民族传统体育课程增设花样跳绳项目研究[J].武术研究,2021(09):103—106.

[6]袁超.花样跳绳在高校体育教学中的指导初探[J].当代体育科技,2021(30):42—44.

[7]赵冰晶,杜雪琪.花样跳绳引入高校体育课堂的有效性和教学策略[J].当代体育科技,2021(31):80—82.

[8]刘晓翠."以生为本"视域下花样跳绳进入高校体育的研究[D].南京:南京师范大学,2017.

[9]洪兵.花样跳绳对竞技健美操运动员专项身体素质的影响研究[D].成都:西南交通大学,2016.

[10]刘近林.花样跳绳在高校的推广与应用研究[J].当代体育科技,2022(15):68—71.

[11]汤燕青.花球啦啦操和花样跳绳组合教学对女大学生体质健康水平及积极心理品质影响的实验研究[D].扬州:扬州大学,2020.

[12]丁卫卫.高校花样跳绳开展现状及发展对策研究[J].体育科技文献通报,2018(08):147—149.

[13]万强冬,李真真.皖北地区高校大学生参与花样跳绳运动现状[J].淮北师范大学学报(自然科学版),2018(03):72—77.

[14]廖双媚.花样跳绳对提升健美操学生一般身体素质的实验研究[D].广州:广州体育学院,2019.

[15]于晓杰.高校花样跳绳教学现状及其发展路径研究[J].当代体育科技,2019(06):127+129.

[16]刘静.高校花样跳绳运动教学现状及影响因素分析[J].体育科技文献通报,2019(08):77+124.

[17]陈冰洁,孙悦.高校公共体育花样跳绳课程体系构建研究[J].武术研究,2020(06):145—146.

[18]咸春东.对花样跳绳动作内容及其基本动作教学方法与步骤的研究[D].北京:北京体育大学,2015.

[19]王巧巧.贵州省本科院校开展花样跳绳的现状研究[D].贵阳:贵州师范大学,2020.

[20]葛海燕.健美操对花样跳绳运动技能迁移效果的研究[D].北京:首都体育学院,2021.
[21]杨小凤,韩耀刚,黄孙巍.花样跳绳[M].上海:上海教育出版社,2014.
[22]毛振明,王虹,王晓东.花样跳绳[M].北京:北京师范大学出版社,2014.
[23]王奉涛,黄伟明,袁卫华.花样跳绳初级教程[M].镇江:江苏大学出版社,2015.
[24]段东平.当代运动与艺术潮流拔河、跳绳和踢毽子技术指导[M].长春:吉林出版集团有限责任公司,2015.
[25]李文记.校园舞蹈类及花样跳绳教学与案例[M].北京:北京体育大学出版社,2016.
[26]高勤.花样跳绳理论与实践[M].武汉:武汉大学出版社,2018.
[27]范海涛,王金铮,张冬冰.花样跳绳毽球[M].大连:大连理工大学出版社,2018.
[28]张永茂.现代高校花样跳绳理论与实践探究[M].北京:中国水利水电出版社,2019.
[29]杨帆.教你跳绳[M].天津:天津科学技术出版社,2019.
[30]任晋军,王肖天.普通高校竞技体育品牌建设研究[M].上海:上海交通大学出版社,2020.